書いて身につく！会社分析ドリル

Toshiki Minami
南俊基 著

日本経済新聞出版社

書いて身につく！
会社分析ドリル
目次

第1章 決算書のしくみと分析のキホン

1. 決算書のしくみをみてみよう……6
2. 貸借対照表のしくみ……8
3. 損益計算書のしくみと利益の考え方……10
4. キャッシュフロー計算書のしくみ……12
5. 会社分析のキホン……14

第2章 会社の儲ける力を知る収益性分析

1. 商品・サービスでどれだけ儲けたか　**売上総利益率（粗利率）**……17
2. 本業での儲けの力を知る　**売上高営業利益率**……21
3. 最終的にどれだけ儲けたか　**売上高当期純利益率**……25
4. 経営の実力を計る指標　**総資本事業利益率（ROA）**……29
5. 株主はどれだけ儲けたか　**株主資本当期純利益率（ROE）**……33
6. 「分解」すればみえてくる　**ROAを上げる方法**……37
7. 「分解」すればみえてくる　**ROEを上げる方法**……41
8. ROEとROAの関係はどうなっているのか　**ROEのレバレッジ効果**……45

第3章 つぶれない会社を探る安全性分析

1. 金融機関が重視する「支払能力」を計る　**流動比率**……51
2. 長期的な投資と支払いのバランスをチェック　**固定長期適合率**……55
3. 返済不要な資金はどれくらいか　**株主資本比率**……59
4. 借金は多いか少ないか　**インタレストカバレッジレシオ（ICR）**……63

第4章　商売のサイクルをチェックする回転期間分析

1. 仕入れから販売までどのくらいかかるか　**棚卸資産回転期間**……69
2. 販売から現金回収までどのくらいかかるか　**売上債権回転期間**……73
3. 仕入れから支払いまでどのくらいかかるか　**仕入債務回転期間**……77

第5章　キャッシュフローを使った分析

1. 本業からキャッシュを生み出せているか　**総資本対営業CF比率**……83
2. 設備投資は無理のない範囲か　**設備投資対営業CF比率**……87
3. 借金を何年で返済できるのか　**有利子負債対営業CF比率**……91

第6章　経営の効率を計る経費率分析

1. 人に対する投資はどのくらいか　**売上高人件費率**……97
2. どのくらい先行投資しているかを知る　**売上高研究開発費率**……101
3. 借金を有効に活用できているか　**売上高金融費用比率**……105

第7章　指標同士の関連を知る

1. 分析指標の「つながり」をみることが重要……110
2. まず、稼ぐ力をチェックする……112
3. 本業の分析をさらに掘り下げる……114
4. 「投資とリターン」への影響を探る……116
5. キャッシュと安全性に問題はないか……118
6. 将来への備えはできているか……120

演習問題……124

演習問題解答……126

装丁　斉藤よしのぶ

本書を読むにあたって

「伸びる会社、つぶれない企業をどうやって見分ければいいのか」というのは、営業担当者をはじめとするビジネスパーソンや就職学生、投資家のみなさんにとって大きな関心事でしょう。しかし、新聞や雑誌に並んでいる、売上、利益、ＲＯＥなどという単語はなんとなくわかっていても、はたしてどうやって見比べればいいのかわからない、という声をよく聞きます。本書はそんな悩みに応え、誰でも入手できる決算書を使って会社の状態を読み解く方法をわかりやすく解説します。

本書では、自分で手を動かして解いていくドリル形式をとりました。自力で分析できるようになるためには、理屈をわかるだけでなく、慣れることが必要だからです。２～６章では、収益性、安全性などさまざまな視点から計18の分析指標をセレクトしました。解説を読んだうえで計算問題にチャレンジしてください。

また、各指標には企業をみるうえで大切な「時系列比較」「同業他社比較」についての問題もご用意しました。さらに、著者の経験にもとづいて、「10％以上がよい」といった指標の判断基準、そして６つの業種について主要企業の数値を掲載しています。賛否両論あるかと思いますが、判断するための目安としてご活用ください。７章では、各指標のつながりをみていきます。１つだけの指標で判断するのではなく、多面的な視点を身につけるようにしてください。

筆記用具と電卓のご用意はよろしいでしょうか。それでは、早速ドリルにチャレンジしてみてください。

2012年10月　　　　　　　　　　　　　　　　　　　　　　　　　　　　南　俊基

注意点

- 本書に登場する決算書・決算数字は、実際の企業の財務諸表に、著者が演習用として使いやすいよう修正を加えて作成したものです。分析指標の理解を優先するため、業務内容は記載しておりません
- 分析指標の中で、一般的には貸借対照表の期首と期末の平均値を使うものがありますが、本書ではわかりやすさを優先し、期末の数値で計算を行うこととします
- 業種別の主要企業参考値については、著者が各業種の中で主要な会社を選択して、イレギュラーな影響を取り除き、昨今の経済情勢に合わせた参考数値として算出しました

第1章
決算書のしくみと分析のキホン

1　決算書のしくみをみてみよう

　決算書は、P7の図に記載されている通り、貸借対照表、損益計算書、キャッシュフロー計算書の3つを指します。ここでは、そのしくみを簡単に説明しましょう。

貸借対照表

　会社がどのように投資家から資金を集め、利益をあげるためにどのような事業を行っているのかを示します。会社の基本的な構造を知ることができ、「企業の財政状態を表す決算書」ともいわれています。

　P7の図のように、貸借対照表の中心線から右側が資金調達を表し、左側が資金運用を表します。貸借対照表の右側では、「債権者」と「株主」という投資家から、どうやって資金を集めているかがわかります。そして、左側では、集めた資金をどのように活用・運用しているのかがわかるのです。

損益計算書

　会社の1期間（通常は1年間）にどのくらい売上があり、コストがかかり、利益をあげることができたのかがわかります。よく、会社の経営成績を表すともいわれます。貸借対照表からも利益の計算はできるのですが、利益の最終的な結果しか計算されません。ある期間にどんな売上・収入があり、コストがどれだけかかったのか、といったくわしい内容は、この損益計算書からわかるのです。P7の図のように、貸借対照表上の利益剰余金（創業からの利益の総額）が1期間でどのように増減したのか、その過程がわかります。

キャッシュフロー計算書

　会社の1期間（通常は1年間）に、どのくらいキャッシュ（現金）の動きがあったのかがわかる決算書です。期首にもっていたキャッシュと期末に残っているキャッシュとを比較して、どのような増減があったのかをみていきます。キャッシュと利益は等しくなるわけではなく、儲かっているかどうかの判断は損益計算書で、資金繰りなどキャッシュがうまく回っているかどうかはこのキャッシュフロー計算書で判断します。キャッシュが回らなくなれば事業も立ちゆかなくなるため、重要視されている決算書です。

3つの決算書の関係

決算書の全体像

連結貸借対照表（20XX年3月31日現在）（単位：百万円）

資金運用		資金調達	
資産の部		負債の部	
流動資産		流動負債	
現金及び預金	221,110	支払手形及び買掛金	521,647
受取手形及び売掛金	402,996	短期借入金	155,456
棚卸資産	492,574	コマーシャルペーパー	150,000
その他	195,080	未払費用	180,295
流動資産計	1,311,760	その他	237,682
固定資産		流動負債計	1,245,080
（有形固定資産）	982,016	固定負債	
建物及び構築物	402,506	社債	250,000
機械装置及び運搬具	371,544	長期借入金	227,126
工具機器及び備品	63,261	その他	23,994
土地	101,250	固定負債計	501,120
建設仮勘定	32,750	負債合計	1,746,200
その他	10,705	純資産の部	
（無形固定資産）	87,234	資本金	205,000
ソフトウェア	52,750	資本剰余金	270,536
その他	34,484	利益剰余金	515,214
（投資その他の資産）	315,090	株主資本合計	990,750
投資有価証券	171,596	その他の包括利益累計額	−63,506
その他	143,494	少数株主持分	22,656
固定資産計	1,384,340	純資産合計	949,900
資産合計	2,696,100	負債・純資産合計	2,696,100

① 経営者が事業のために投資した資産
② 債権者からの資金
③ 株主からの資金

利益の得られた過程

連結損益計算書（単位：百万円）
（20XX年4月1日から20YY年3月31日）

売上高	3,082,637
売上原価	2,465,452
売上総利益	617,185
販売費及び一般管理費	531,820
給料及び手当	245,025
広告宣伝費	10,154
研究開発費	104,700
その他	171,941
営業利益	85,365
営業外収益	16,523
受取利息及び配当金	2,375
持ち分法による投資利益	10,684
その他	3,464
営業外費用	36,308
支払利息	8,050
その他	28,258
経常利益	65,580
特別利益	1,554
特別損失	23,015
税金等調整前当期純利益	44,119
法人税、住民税及び事業税	22,972
法人税等調整額	−6,424
少数株主利益	1,809
当期純利益	25,762

キャッシュの動きを表す

連結キャッシュフロー計算書（単位：百万円）
（20XX年4月1日から20YY年3月31日）

営業活動によるキャッシュフロー	
税金等調整前当期純利益	44,119
減価償却費	112,281
売上債権の増減額	28,762
棚卸資産の増減額	−63,599
仕入債務の増減額	−4,675
その他	43,121
営業活動によるキャッシュフロー	160,009
投資活動によるキャッシュフロー	
有形固定資産の取得による支出	−175,724
無形固定資産の取得による支出	−3,120
その他	−47,295
投資活動によるキャッシュフロー	−226,139
財務活動によるキャッシュフロー	
短期借入金の純増減額	34,775
長期借入れによる収入	90,665
長期借入金の返済による支出	−47,051
社債の発行による収入	5,000
配当金の支払額	−10,525
その他	−83,309
財務活動によるキャッシュフロー	−10,445
現金増減額	−76,575
期首現金残高	297,685
期末現金残高	221,110

第1章　決算書のしくみと分析のキホン

2　貸借対照表のしくみ

　P9の図のように、企業は貸借対照表の中心線右側にある負債（借金）と純資産（株式投資）で資金を集めます。負債としての資金を提供してくれるのは「債権者」です。純資産としての資金を提供してくれるのは「株主」です。両者の違いは、リスクの取り方にあります。債権者は会社が赤字になろうと、元本の返済と利息の支払いを求めます。株主は会社が赤字の場合は一般的に配当金をもらえませんし、そもそも元本の返済を要求することができません。そのかわり会社が大きく儲けた時に配当として利益をたっぷりともらえるのです。
　一方、貸借対照表の中心線の左側は、経営者が利益を得るために集めた資金を事業に投資をしているようすがみえます。棚卸資産、建物、機械、投資有価証券等に集めた資金を投資して利益をあげているのです。
　貸借対照表の各部の内容は以下です。

●資産の部

流動資産
　1年以内に現金化される資産のことをいいます。棚卸資産、売掛金、短期貸付金などがこれにあたります。

固定資産
　1年を超えて長期間保有・使用される資産のことをいいます。建物や機械など、物理的な実態がある「有形固定資産」。特許権やソフトウェアといった権利関係の「無形固定資産」。投資有価証券や長期貸付金といった有形・無形固定資産以外の資産である「投資その他の資産」に分けられます。

●負債の部

流動負債
　1年以内に支払わなければならない負債のことをいいます。買掛金、短期借入金等がこれにあたります。

固定負債
　1年を超えて支払われる負債のことをいいます。長期借入金、社債等がこれにあたります。

●純資産の部

株主資本
　株主の出資分と、獲得した利益を会社内に蓄積している（内部留保）部分から構成されます。株主が元手として出資した分が、資本金と資本剰余金です。利益を内部留保したものが利益剰余金になります。

その他
　その他の包括利益累計額と少数株主持分から構成されます。くわしい説明は省きますが、その他の包括利益累計額は会社の資産がもっている含み益のことです。少数株主持分は親会社以外に子会社に出資している株主の出資分です。

貸借対照表の構造

連結貸借対照表（20XX年3月31日現在）（単位：百万円）

資産の部		負債の部	
流動資産		流動負債	
現金及び預金	221,110	支払手形及び買掛金	521,647
受取手形及び売掛金	402,996	短期借入金	155,456
棚卸資産	492,574	コマーシャルペーパー	150,000
その他	195,080	未払費用	180,295
流動資産計	1,311,760	その他	237,682
固定資産		流動負債計	1,245,080
（有形固定資産）	982,016	固定負債	
建物及び構築物	402,506	社債	250,000
機械装置及び運搬具	371,544	長期借入金	227,126
工具機器及び備品	63,261	その他	23,994
土地	101,250	固定負債計	501,120
建設仮勘定	32,750	負債合計	1,746,200
その他	10,705	純資産の部	
（無形固定資産）	87,234	資本金	205,000
ソフトウェア	52,750	資本剰余金	270,536
その他	34,484	利益剰余金	515,214
（投資その他の資産）	315,090	株主資本合計	990,750
投資有価証券	171,596	その他の包括利益累計額	-63,506
その他	143,494	少数株主持分	22,656
固定資産計	1,384,340	純資産合計	949,900
資産合計	2,696,100	負債・純資産合計	2,696,100

経営者 / 資金運用 / 中心線 / 株主 / 資金調達 / 債権者

> **ポイント**
>
> 　右側から資金が集まり、左側で事業に投資され利益を得ていくことになります。
>
> 　資産には経営者、負債には債権者、純資産には株主がうしろにいることを考えよう。

第1章　決算書のしくみと分析のキホン

3　損益計算書のしくみと利益の考え方

損益計算書上で、売上からコストを差し引いて計算される利益は、通常5種類に分けられます。これらの利益は、P11の図のように、どのような活動から生まれた利益なのかを分けて把握するために用いられます。5つの利益は以下のような内容です。

●売上総利益

本業における原始的な利益のことをいいます。俗に粗利益（あらりえき）と呼ばれます。小売業でいえば、仕入れた価格と売った価格の差額のことです。例えば、100円で仕入れた商品を150円で販売すると、売上総利益は50円となります。なお、販売のためのコストや管理コストは含みません。

売上高　－　売上原価　＝　売上総利益

●営業利益

会社が本業から稼ぎ出した利益のことをいいます。会社においては最も重要な利益といっても過言ではありません。売上総利益から販売のためのコストである販売費、管理コストである一般管理費を除いて算出します。

売上総利益　－　販売費及び一般管理費　＝　営業利益

●経常利益

会社の経常的（継続的にあがる）な利益のことをいいます。営業利益に本業以外で儲けた営業外収益（例えばお金を貸して得られた利息）を加算し、本業以外のコストである営業外費用（例えばお金を借りて支払う利息）を引き算します。

営業利益　＋　営業外収益　－　営業外費用　＝　経常利益

●税金等調整前当期純利益

経常利益から、会社にとって一過性の儲けである特別利益（例えば工場売却益）を加算し、一過性の損失である特別損失（例えば事業を閉鎖する損失）を引き算して求めます。法人税、住民税、事業税といった税金を支払う前の利益です。

経常利益　＋　特別利益　－　特別損失　＝　税金等調整前当期純利益

●当期純利益

1年間の最終的な利益のことをいいます。税金等調整前当期純利益から法人税、住民税、事業税といった税金を除きます。すべての支払いが終わって残った利益です。

税金等調整前当期純利益　－　法人税、住民税及び事業税　＝　当期純利益

損益計算書の構造

連結損益計算書（単位：百万円）
（20XX年4月1日から20YY年3月31日）

本業の営業の状況	売上高	3,082,637
	売上原価	2,465,452
	売上総利益	617,185 ← 本業から直接もたらされる利益
本業の販売活動と会社の管理業務	販売費及び一般管理費	531,820
	給料及び手当	245,025
	広告宣伝費	10,154
	研究開発費	104,700
	その他	171,941
	営業利益	85,365 ← 本業から生じた利益
本業以外の常時継続的な投資活動	営業外収益	16,523
	受取利息及び配当金	2,375
	持ち分法による投資利益	10,684
	その他	3,464
	営業外費用	36,308
	支払利息	8,050
	その他	28,258
一過性の利益や損失	経常利益	65,580 ← 会社の常時継続的な利益
	特別利益	1,554
	特別損失	23,015
税負担	税金等調整前当期純利益	44,119 ← 税負担前の一期間の利益
	法人税、住民税及び事業税	22,972
	法人税等調整額	－6,424
	少数株主利益	1,809
	当期純利益	25,762 ← すべての支払いが終わった最終的な利益

ポイント

会社のどの活動から利益が生まれて、どの活動のどのようなコストや損失が大きいかを把握しておくことが大事です。

第1章　決算書のしくみと分析のキホン

4 キャッシュフロー計算書のしくみ

　キャッシュフロー計算書はP13の図のように会社の活動を3つに分けます。この3つの活動内で、キャッシュがどのように動いているのかをみるのがキャッシュフロー計算書です。それぞれ、以下のような内容です。

●営業活動によるキャッシュフロー（営業CF）

　会社が本業から生み出したキャッシュフローのことです。キャッシュフロー計算書では、損益計算書にある「税金等調整前当期純利益」をスタートにして計算します。ここから、損益計算書に計上されている費用・収益のうち、実際のキャッシュの動きが伴わないものを修正していきます。例えば、減価償却費は、損益計算書上では費用として差し引かれていますが、実際のキャッシュの動きはありませんので、営業CFの計算ではその分が加算されます。

●投資活動によるキャッシュフロー（投資CF）

　会社が経営活動を維持していくために必要な投資を行った際のキャッシュフローのことです。代表的な投資は建物や機械などの有形固定資産、ソフトウェアや特許権などの無形固定資産への投資です。ほかに、株式に対する投資や貸付金も含まれます。通常、会社は投資を継続しますので、キャッシュフロー計算書上はほとんどの場合、マイナス表示になります。

●財務活動によるキャッシュフロー（財務CF）

　会社が行う資金調達活動に伴って生じるキャッシュフローのことをいいます。会社は営業CFと投資CFでキャッシュが足りなくなった場合、外部から集めてこなければなりません。財務CFは、この集めてきたキャッシュフローのことを指します。銀行からの借入金や株式の発行がこれにあたります。

　財務CFの計算では、キャッシュが入ってきたらプラス、出ていったらマイナスになります。そのため、銀行から融資をうけるとプラスになり、融資を返済するとマイナスになります。

キャッシュとは？

現金・預金	現金同等物
・現金 ・普通預金 ・当座預金 ・通知預金	・定期預金 ・公社債投信 ・コマーシャルペーパー ・譲渡性預金

3要件
①容易に換金できること
②価格変動のリスクがないこと
③満期日または償還日までが3カ月以内の短期投資であること

キャッシュフロー計算書の構造

連結キャッシュフロー計算書 （単位：百万円）
（20XX年4月1日から20YY年3月31日）

本業から得られたキャッシュフロー	営業活動によるキャッシュフロー	
	税金等調整前当期純利益	44,119
	減価償却費	112,281
	売上債権の増減額	28,762
	棚卸資産の増減額	－63,599
	仕入債務の増減額	－4,675
	その他	43,121
	営業活動によるキャッシュフロー	**160,009**
必要な投資を行ったキャッシュフロー	投資活動によるキャッシュフロー	
	有形固定資産の取得による支出	－175,724
	無形固定資産の取得による支出	－3,120
	その他	－47,295
	投資活動によるキャッシュフロー	**－226,139**
会社外部から資金調達したキャッシュフロー	財務活動によるキャッシュフロー	
	短期借入金の純増減額	34,775
	長期借入れによる収入	90,665
	長期借入金の返済による支出	－47,051
	社債の発行による収入	5,000
	配当金の支払額	－10,525
	その他	－83,309
	財務活動によるキャッシュフロー	－10,445
	現金増減額	－76,575
	期首現金残高	297,685
	期末現金残高	221,110

（手書きメモ）本業以上に投資をしている。

あくまでも期首と期末の現金残高がどのように動いたのかを示している決算書です

ポイント

キャッシュフロー計算書はキャッシュの流れです。キャッシュはプラスからマイナスに流れます。この流れをみて、会社のキャッシュの使い方の大枠を理解してから、細かい項目に目を移してください。

5　会社分析のキホン

　決算書の分析を行うにあたっては、実際に計算した分析結果も重要ですが、以下の2つの視点をもつことが大切です。

●2つの視点で分析する

時系列分析

　同じ会社の過去数年間の決算書、分析数値を比較することによって、会社がどのような方向に向かっているのかを判断する分析手法です。健康診断で過去の数値の動きをみるのと同じです。例えば、身長が同じXさんとYさんがいたとします。体重は2人とも75kgでした。これだけでは2人の差はわかりませんので、過去の体重をみていきます。Xさんは85kg→78kg→75kgとここ3年で10kg痩せました。Yさんは65kg→68kg→75kgとここ3年で10kg太りました。こうすると、2人に対する印象はまったく異なります。決算数値や分析数値にも同じことがいえます。数値そのもののほかに、過去の推移をみて比較する必要があるのです。

同業他社分析

　同じ業界の複数の会社の決算書、分析数値を比較することによって、会社が業界内でどのような位置にあるかを判断する分析手法です。例えば、仕入れた価格にどのくらいの利益をのせているかをみるとき、仕入価格を100として、P社は20、Q社は22、R社8の利益をのせているとしましょう。3社を比較すると、明らかにR社の利益率が低いことがわかります。このように、同じ業界の他社と比較することで、自社の状況がわかってくるのです。

●主要企業の目安を知る

　本書では、主要企業の目安を指標ごとに掲載してあります。分析指標は業種ごとに大きく変わるため、比較の参考としてください。この数値は、主要業種内の代表企業について、過去の有価証券報告書の数値から筆者が算出し、通常の分析指標となるように修正を加えています。

それでは、次章より問題にチャレンジしてください！

第2章
会社の儲ける力を知る収益性分析

概　　要

貸借対照表

流動資産	流動負債
	固定負債
固定資産	純資産
	株主資本
	その他

- 営業活動の結果（売上）
- 売上に対する利益率
- 総資産に対する利益率
- 利益
- 純資産に対する利益率

　収益性分析は、会社がどのくらい儲けることができるのかを分析する手法です。会社は利益を獲得することが目的ですから、利益をあげる力を知るということは分析の中では最重要の課題になります。

　収益性分析は、①会社の総資産や純資産といった元本部分を活用してどのくらい儲けることができたかをみる指標と、②経営活動の大きさである売上に対してどのくらい儲けることができたかをみる指標の2つに分けることができます。元本部分は、預金に対する金利をイメージすればいいでしょう。元本（預金）に対してどのくらい利息がつくのか、金利を注意深くみるのと同じことです。次に売上については、100円で仕入れた商品をいくらで売るのかというイメージです。商品を販売するのにどのくらいの利幅をのせるか、ということです。どちらも会社の儲ける力を知るのには重要な視点といえるでしょう。

分析指標

①売上総利益率

②売上高営業利益率

③売上高当期純利益率

④総資本事業利益率（ROA）

⑤株主資本当期純利益率（ROE）

商品・サービスでどれだけ儲けたか
❶売上総利益率（粗利率）

公式

$$売上総利益率 = \frac{売上総利益}{売上高} \quad (\%)$$

指標の判断

売上総利益率が高いほど、本業でしっかりと儲けている会社である。
同業他社、過年度と比較して低いようであれば、あまり良くない兆しである。

指標の解説

```
損益計算書（一部抜粋）
売上高              XXX  ←本業での稼ぎである売上
売上原価            XXX  ←売上の獲得に直接にかかわったコスト
 売上総利益         XXX  ←売上から直接もたらされる利益
販売費及び一般管理費 XXX  ←販売や管理のためのコスト
 営業利益           XXX
```

　売上総利益率は、会社の本業における利益率で、会社の儲けの基本となります。分母は、会社の営業活動の大きさである売上高です。分子は、売上総利益といい、売上高から売上原価を差し引いた通称「粗利益」がきます。

　売上総利益は、販売のためのコストである販売費や、会社の本社部門や管理部門のコストである一般管理費は差し引かれていません。そのため、直接的に売上からもたらされる利益といえます。メーカーであれば、工場から出荷された瞬間の利幅で、製品を作るための原価である製造原価と販売価格の差額です。小売業であれば、外部から商品を仕入れた時の原価である仕入原価と販売価格の差額を指します。

　売上総利益率は、同業他社や自社の過去の業績と比較することが重要です。同業他社と比較して高ければ、なんらかの付加価値があるか、コスト管理がうまくいっているかということで、競争力が高く、儲ける力が高いことを表しています。また、過去と比べて上昇傾向にある場合は、本業の構造改革が進み、競争力が上がってきていることを表しています。

A社の決算書

連結貸借対照表（20XX年3月31日現在）（単位：百万円）

資産の部		負債の部	
流動資産		流動負債	
現金及び預金	221,110	支払手形及び買掛金	521,647
受取手形及び売掛金	402,996	短期借入金	155,456
棚卸資産	492,574	コマーシャルペーパー	150,000
その他	195,080	未払費用	180,295
流動資産計	1,311,760	その他	237,682
固定資産		流動負債計	1,245,080
（有形固定資産）	982,016	固定負債	
建物及び構築物	402,506	社債	250,000
機械装置及び運搬具	371,544	長期借入金	227,126
工具機器及び備品	63,261	その他	23,994
土地	101,250	固定負債計	501,120
建設仮勘定	32,750	負債合計	1,746,200
その他	10,705	純資産の部	
（無形固定資産）	87,234	資本金	205,000
ソフトウェア	52,750	資本剰余金	270,536
その他	34,484	利益剰余金	515,214
（投資その他の資産）	315,090	株主資本合計	990,750
投資有価証券	171,596	その他の包括利益累計額	－63,506
その他	143,494	少数株主持分	22,656
固定資産計	1,384,340	純資産合計	949,900
資産合計	2,696,100	負債・純資産合計	2,696,100

連結損益計算書（単位：百万円）
（20XX年4月1日から20YY年3月31日）

営業活動の大きさ ← 売上高

売上から直接もたらされる利益 ← 売上総利益

売上高	3,082,637
売上原価	2,465,452
売上総利益	617,185
販売費及び一般管理費	531,820
給料及び手当	245,025
広告宣伝費	10,154
研究開発費	104,700
その他	171,941
営業利益	85,365
営業外収益	16,523
受取利息及び配当金	2,375
持ち分法による投資利益	10,684
その他	3,464
営業外費用	36,308
支払利息	8,050
その他	28,258
経常利益	65,580
特別利益	1,554
特別損失	23,015
税金等調整前当期純利益	44,119
法人税、住民税及び事業税	22,972
法人税等調整額	－6,424
少数株主利益	1,809
当期純利益	25,762

連結キャッシュフロー計算書（単位：百万円）
（20XX年4月1日から20YY年3月31日）

営業活動によるキャッシュフロー	
税金等調整前当期純利益	44,119
減価償却費	112,281
売上債権の増減額	28,762
棚卸資産の増減額	－63,599
仕入債務の増減額	－4,675
その他	43,121
営業活動によるキャッシュフロー	160,009
投資活動によるキャッシュフロー	
有形固定資産の取得による支出	－175,724
無形固定資産の取得による支出	－3,120
その他	－47,295
投資活動によるキャッシュフロー	－226,139
財務活動によるキャッシュフロー	
短期借入金の純増減額	34,775
長期借入れによる収入	90,665
長期借入金の返済による支出	－47,051
社債の発行による収入	5,000
配当金の支払額	－10,525
その他	－83,309
財務活動によるキャッシュフロー	－10,445
現金増減額	－76,575
期首現金残高	297,685
期末現金残高	221,110

Q 基本計算　A社の売上総利益率を求めましょう。

$$売上総利益率 = \frac{売上総利益\ \boxed{}}{売上高\ \boxed{}} \times 100 = \boxed{} (\%)$$

Q 時系列比較にチャレンジ

当期の売上総利益率を記入し、（　）内の選択肢を選んでください。

過年度財務指標

5期前	4期前	3期前	2期前	当期
22.80%	22.09%	15.97%	19.10%	％

　4期前までは、当期より高い売上総利益率を安定的に実現しており、3期前に大幅に下落しています。大きく下落した場合は、売上の（大幅減少・大幅増加）、売上原価の（大幅減少・大幅増加）のどちらかであり、原因を考えてみる必要があるでしょう。3期前から当期まで徐々に競争力を（回復・低下）させていることがわかります。ただし、まだ4期前までの水準には届いておらず、さらなる構造改革が求められます。

Q 同業他社比較にチャレンジ

A社の売上総利益率を記入し、（　）内の選択肢を選んでください。

同業他社財務指標

A社	B社	C社	D社
％	24.01%	19.46%	16.87%

　A社の売上総利益率は、B社と比較すると低いものの、C社とはほぼ変わらず、D社と比較すると高くなります。業界内では競争力が（低い・高い）部類に入りますが、まだまだ改善の余地があると考えられます。D社は他社に比べて売上総利益率が低いので（価格競争・宣伝活動の活発化）をしかけてきた可能性が高いとみられます。そうなると、業界内でも追随する会社が出てくる可能性があります。

主要企業の売上総利益率の目安

百貨店	コンビニ	ドラッグ	電機メーカー	自動車	製薬
28.02%	67.57%	27.85%	26.50%	27.30%	77.63%

> **基本計算の解答**

$$売上総利益率 = \frac{売上総利益\ 617,185}{売上高\ 3,082,637} \times 100 = 20.02（％）$$

> **時系列比較問題　解答解説**

（解答は順に、大幅減少、大幅増加、回復）

　売上総利益は売上と売上原価の差額でできあがっています。売上総利益率が大幅に低下することは、分子である売上総利益の低下か、分母である売上の低下しかありません。この要因になるのが、売上の大幅減少と売上原価の大幅増加になります。

　価格競争に突入して売上が下がった場合や、材料や仕入原価が上昇した場合に生じてきます。3期前の15.97％から当期では20.02％まで上昇しているので回復していると判断できます。

> **同業他社比較問題　解答解説**

（解答は順に、高い、価格競争）

　同業他社に比べて売上総利益率が高いということは、それだけ競争力が高いから実現できることです。売上を維持するための差別化や、コスト競争力が他社と比べて強かったりすることが挙げられます。

　売上が落ち込んでくると、競争力が高くない会社は価格競争をしかけてくることがあります。価格を下落させれば、コストダウンがなければ売上総利益率は下がり、会社経営的にもかなり厳しくなってくると考えられます。

コラム● 値下げした金額は、売上総利益を減少させる

　営業活動のやり方の1つの選択肢として「値下げ」があります。デフレが長くなってしまった昨今では、よくみられる選択です。しかし、よく考えてみると値下げをしても売上原価は変わりませんから、値下げをした分はそのまま売上総利益の減少につながります。当然、売上総利益率も低下してしまうのです。値下げをすると、その分コストダウンでまかなおうとする会社が多いのですが、すべてをまかなおうとするとかなり厳しいといわざるを得ません。そもそも、コストは売上を得るために必要だからかけているのですから、コスト削減は将来の売上の減少につながる可能性もあります。安易な値下げは避け、構造をしっかりと理解したうえで経営判断する必要があります。

本業での儲けの力を知る
❷売上高営業利益率

公式

$$売上高営業利益率 = \frac{営業利益}{売上高} (\%)$$

指標の判断

売上高営業利益率が高いほど、儲ける効率がいい会社となる。
業種によって差はあるが、一般的には10%を超えるとかなりいいといわれている。

指標の解説

損益計算書（一部抜粋）

売上高	XXX	←本業での稼ぎである売上
売上原価	XXX	←売上の獲得に直接にかかわったコスト
売上総利益	XXX	←売上から直接もたらされる利益
販売費及び一般管理費	XXX	←販売や管理のためのコスト
営業利益	XXX	←本業で儲けた利益

　売上高営業利益率は、会社の本業の儲けである営業利益を分子に、会社の営業活動の大きさである売上高を分母におきます。営業利益は売上総利益から販売費及び一般管理費を差し引いて計算されます。売上原価、販売費、一般管理費は会社が本業を行ううえで必要なコストです。営業利益はこれらのコストを差し引いて計算されるため、本業から得られる利益といわれます。

　販売費とは、商品やサービスを販売するためにかかったコストのことで、広告宣伝費、営業部門の人件費、仲介会社への手数料支払いなどが挙げられます。一般管理費とは、会社を維持管理するためのコストのことで、本社の家賃、管理部門の人件費、保険料等が挙げられます。

　売上に対して、営業利益がどのくらいかという売上高営業利益率をみることにより、本業の収益性をみることができます。本来、会社は本業で儲けることが当然であるため、ここできちんと利益が出ているのかをみることは重要です。

A社の決算書

連結貸借対照表（20XX年3月31日現在）（単位：百万円）

資産の部		負債の部	
流動資産		流動負債	
現金及び預金	221,110	支払手形及び買掛金	521,647
受取手形及び売掛金	402,996	短期借入金	155,456
棚卸資産	492,574	コマーシャルペーパー	150,000
その他	195,080	未払費用	180,295
流動資産計	1,311,760	その他	237,682
固定資産		流動負債計	1,245,080
（有形固定資産）	982,016	固定負債	
建物及び構築物	402,506	社債	250,000
機械装置及び運搬具	371,544	長期借入金	227,126
工具機器及び備品	63,261	その他	23,994
土地	101,250	固定負債計	501,120
建設仮勘定	32,750	負債合計	1,746,200
その他	10,705	純資産の部	
（無形固定資産）	87,234	資本金	205,000
ソフトウェア	52,750	資本剰余金	270,536
その他	34,484	利益剰余金	515,214
（投資その他の資産）	315,090	株主資本合計	990,750
投資有価証券	171,596	その他の包括利益累計額	−63,506
その他	143,494	少数株主持分	22,656
固定資産計	1,384,340	純資産合計	949,900
資産合計	2,696,100	負債・純資産合計	2,696,100

連結損益計算書（単位：百万円）
（20XX年4月1日から20YY年3月31日）

売上高		3,082,637
売上原価		2,465,452
売上総利益		617,185
販売費及び一般管理費		531,820
給料及び手当	245,025	
広告宣伝費	10,154	
研究開発費	104,700	
その他	171,941	
営業利益		85,365
営業外収益		16,523
受取利息及び配当金	2,375	
持ち分法による投資利益	10,684	
その他	3,464	
営業外費用		36,308
支払利息	8,050	
その他	28,258	
経常利益		65,580
特別利益		1,554
特別損失		23,015
税金等調整前当期純利益		44,119
法人税、住民税及び事業税		22,972
法人税等調整額		−6,424
少数株主利益		1,809
当期純利益		25,762

営業活動の大きさ → 売上高
本業から得られた利益 → 営業利益

連結キャッシュフロー計算書（単位：百万円）
（20XX年4月1日から20YY年3月31日）

営業活動によるキャッシュフロー	
税金等調整前当期純利益	44,119
減価償却費	112,281
売上債権の増減額	28,762
棚卸資産の増減額	−63,599
仕入債務の増減額	−4,675
その他	43,121
営業活動によるキャッシュフロー	160,009
投資活動によるキャッシュフロー	
有形固定資産の取得による支出	−175,724
無形固定資産の取得による支出	−3,120
その他	−47,295
投資活動によるキャッシュフロー	−226,139
財務活動によるキャッシュフロー	
短期借入金の純増減額	34,775
長期借入れによる収入	90,665
長期借入金の返済による支出	−47,051
社債の発行による収入	5,000
配当金の支払額	−10,525
その他	−83,309
財務活動によるキャッシュフロー	−10,445
現金増減額	−76,575
期首現金残高	297,685
期末現金残高	221,110

Q 基本計算　A社の売上高営業利益率を求めましょう。

$$売上高営業利益率 = \frac{営業利益\;\boxed{}}{売上高\;\boxed{}} \times 100 = \boxed{}\;(\%)$$

Q 時系列比較にチャレンジ

当期の売上高営業利益率を記入し、（　）内の選択肢を選んでください。

過年度財務指標

5期前	4期前	3期前	2期前	当期
5.96%	5.37%	△1.95%	1.88%	%

　　4期前までは、当期より高い売上高営業利益率を安定的に実現しており、3期前に大幅に下落することとなりました。大きく下落した場合は、売上総利益率の（大幅な上昇・大幅な低下）、販売費及び一般管理費の（大幅減少・大幅増加）のどちらかです。P19にある通り売上総利益率は3期前から当期にかけて4.05ポイント、売上高営業利益率は4.72ポイント回復しています。売上総利益率の回復とともに販売費及び一般管理費の（削減が進んでいる・削減が進んでいない）ことがわかります。

Q 同業他社比較にチャレンジ

A社の売上高営業利益率を記入し、（　）内の選択肢を選んでください。

同業他社財務指標

A社	B社	C社	D社
%	3.89%	3.24%	1.14%

　　A社の売上高営業利益率は、B社、C社と比較すると低いものの、D社と比較すると高くなります。売上総利益率ではC社とはほぼ変わらなかったので、A社の販売費及び一般管理費がC社と比べて（高い・低い）と考えられます。A社はまだ（販売費及び一般管理費・支払利息）の削減余地があると考えられます。

主要企業の売上高営業利益率の目安

百貨店	コンビニ	ドラッグ	電機メーカー	自動車	製薬
0.90%	12.59%	3.62%	3.51%	6.38%	25.86%

> **基本計算の解答**

$$売上高営業利益率 = \frac{営業利益\ 85{,}365}{売上高\ 3{,}082{,}637} \times 100 = 2.77\ (\%)$$

> **時系列比較問題　解答解説**

（解答は順に、大幅な低下、大幅増加、削減が進んでいる）

　営業利益は売上総利益から販売費及び一般管理費を差し引いたものです。売上高営業利益率が大幅に低下することは、売上総利益率の大幅低下か、販売費及び一般管理費の大幅増加しかありません。A社の場合は、P19でみたように売上総利益率の大幅低下が原因と考えられます。

　売上総利益率は3期前から当期にかけて4.05ポイント、売上高営業利益率は同期間で4.72ポイント回復しています。売上総利益率の回復より、売上高営業利益率の回復の方が大きいので、この3期間では販売費及び一般管理費の削減が進んでいることがわかります。

> **同業他社比較問題　解答解説**

（解答は順に、高い、販売費及び一般管理費）

　売上総利益率がほとんど変わらず売上高営業利益率が低いということは、それだけ販売費及び一般管理費が高いということです。販売費をかけなければ売れない状態か、一般管理費の削減がうまくいっていないのか原因を調べる必要があります。

　A社としては販売費及び一般管理費がC社と同じ水準近くまでは削減の余地があると考えられます。

> **コラム●売上総利益率が低くても売上高営業利益率が高い場合はある**

　売上総利益率が高い場合、それを維持するために多額の販売費をかけることがあります。この場合は、売上高営業利益率は売上総利益率ほど高くはなりません。例えば、人件費の高い営業マンが、高価格で販売しているイメージです。逆に売上総利益率が低くても、多額の販売費をかける必要がなければ、売上高営業利益率は売上総利益率ほど低くはなりません。まだ給料の安い新人営業マンが、とにかく低価格で販売しているイメージです。

　このため、売上総利益率が低くても売上高営業利益率が高くなるケースもありますし、逆もしかりです。両者を合わせてみることにより、会社の収益性をきちんとみることができるようになるのです。

最終的にどれだけ儲けたか
❸ 売上高当期純利益率

公式

$$売上高当期純利益率 = \frac{当期純利益}{売上高} \quad (\%)$$

指標の判断

売上高当期純利益率が高いほど、儲ける効率がいい会社となる。
業種によって差はあるが、一般的には5％を超えるとかなりいいといわれている。

指標の解説

損益計算書（一部抜粋）

営業利益	XXX	←本業で儲けた利益
営業外収益	XXX	←本業以外での継続的な儲け
営業外費用	XXX	←本業以外での継続的なコスト
経常利益	XXX	←会社が通常の1期間で儲けた利益
特別利益	XXX	←今期だけの一過性の利益
特別損失	XXX	←今期だけの一過性の損失
税金等調整前当期純利益	XXX	←税金支払前の当期に儲かった利益
法人税、住民税及び事業税	XXX	←当期支払った税金
法人税等調整額	XXX	←税金と会計の違いの調整
当期純利益	XXX	←株主のものとなる利益

　売上高当期純利益率は、分子に当期の最終的な儲けである当期純利益をおき、分母に売上高をおきます。

　当期純利益は、売上原価、販売費一般管理費をはじめ、営業外費用、特別損失や税金まで含めた、すべてのコストや損失を差し引いたうえで、本業以外の儲けである営業外収益や特別利益を加えて、最終的にどのくらい儲かったのかを示す利益です。

　この最終的な利益は会社のオーナーである株主のものとなりますから、株主が重要視する指標といえます。

第2章　会社の儲ける力を知る収益性分析

A社の決算書

連結貸借対照表 （20XX年3月31日現在）（単位：百万円）

資産の部		負債の部	
流動資産		流動負債	
現金及び預金	221,110	支払手形及び買掛金	521,647
受取手形及び売掛金	402,996	短期借入金	155,456
棚卸資産	492,574	コマーシャルペーパー	150,000
その他	195,080	未払費用	180,295
流動資産計	1,311,760	その他	237,682
固定資産		流動負債計	1,245,080
（有形固定資産）	982,016	固定負債	
建物及び構築物	402,506	社債	250,000
機械装置及び運搬具	371,544	長期借入金	227,126
工具機器及び備品	63,261	その他	23,994
土地	101,250	固定負債計	501,120
建設仮勘定	32,750	負債合計	1,746,200
その他	10,705	純資産の部	
（無形固定資産）	87,234	資本金	205,000
ソフトウェア	52,750	資本剰余金	270,536
その他	34,484	利益剰余金	515,214
（投資その他の資産）	315,090	株主資本合計	990,750
投資有価証券	171,596	その他の包括利益累計額	−63,506
その他	143,494	少数株主持分	22,656
固定資産計	1,384,340	純資産合計	949,900
資産合計	2,696,100	負債・純資産合計	2,696,100

連結損益計算書（単位：百万円）
（20XX年4月1日から20YY年3月31日）

売上高	3,082,637
売上原価	2,465,452
売上総利益	617,185
販売費及び一般管理費	531,820
給料及び手当	245,025
広告宣伝費	10,154
研究開発費	104,700
その他	171,941
営業利益	85,365
営業外収益	16,523
受取利息及び配当金	2,375
持ち分法による投資利益	10,684
その他	3,464
営業外費用	36,308
支払利息	8,050
その他	28,258
経常利益	65,580
特別利益	1,554
特別損失	23,015
税金等調整前当期純利益	44,119
法人税、住民税及び事業税	22,972
法人税等調整額	−6,424
少数株主利益	1,809
当期純利益	25,762

売上高 ← 当期の営業活動の大きさ

当期純利益 ← 当期1期間の最終的な利益

連結キャッシュフロー計算書（単位：百万円）
（20XX年4月1日から20YY年3月31日）

営業活動によるキャッシュフロー	
税金等調整前当期純利益	44,119
減価償却費	112,281
売上債権の増減額	28,762
棚卸資産の増減額	−63,599
仕入債務の増減額	−4,675
その他	43,121
営業活動によるキャッシュフロー	160,009
投資活動によるキャッシュフロー	
有形固定資産の取得による支出	−175,724
無形固定資産の取得による支出	−3,120
その他	−47,295
投資活動によるキャッシュフロー	−226,139
財務活動によるキャッシュフロー	
短期借入金の純増減額	34,775
長期借入れによる収入	90,665
長期借入金の返済による支出	−47,051
社債の発行による収入	5,000
配当金の支払額	−10,525
その他	−83,309
財務活動によるキャッシュフロー	−10,445
現金増減額	−76,575
期首現金残高	297,685
期末現金残高	221,110

Q 基本計算　A社の売上高当期純利益率を求めましょう。

$$売上高当期純利益率 = \frac{当期純利益\;\boxed{}}{売上高\;\boxed{}} \times 100 = \boxed{}（\%）$$

Q 時系列比較にチャレンジ

当期の売上高当期純利益率を記入し、（　）内の選択肢を選んでください。

過年度財務指標

5期前	4期前	3期前	2期前	当期
3.25%	2.98%	△4.42%	0.16%	％

　4期前までは安定的な最終利益をあげていたのですが、3期前を境に儲からなくなっています。当期純利益の減少は、（本業の不振・税金の増加）や（特別損失の発生・借入金の返済の増額）が考えられます。当期純利益が減少すると（債権者・株主）の取り分が少なくなってしまいます。もともとリスクをとって投資をしている投資家とはいえ、当期純利益の減少に対しては憮然とするでしょう。過去の水準に戻るような経営努力が求められます。

Q 同業他社比較にチャレンジ

A社の売上高当期純利益率を記入し（　）内の選択肢を選んでください。

同業他社財務指標

A社	B社	C社	D社
％	1.22%	0.65%	0.08%

　業界全体として当期純利益はかなり厳しい水準になっていると考えられます。A社はB社に次いで高い売上高当期純利益率ですが、1％以下の最終利益率ですから決して高いとはいえません。（設備投資の増加・営業利益の減少）が生じており、業界全体で競争が激しくなっていると考えられます。D社はいつ最終赤字に転落してもおかしくない水準です。赤字になれば株主は（配当金・受取利息）を受けることができなくなります。

主要企業の売上高当期純利益率の目安

百貨店	コンビニ	ドラッグ	電機メーカー	自動車	製薬
0.22%	5.75%	1.70%	0.85%	5.98%	17.46%

第2章　会社の儲ける力を知る収益性分析

> **基本計算の解答**

$$\text{売上高当期純利益率} = \frac{\text{当期純利益}\ 25{,}762}{\text{売上高}\ 3{,}082{,}637} \times 100 = 0.84\ (\%)$$

> **時系列比較問題　解答解説**

（解答は順に、本業の不振、特別損失の発生、株主）

　3期前を境に売上高当期純利益率が低下しています。これは当期純利益の減少によるものと考えられ、本業の不振による営業利益の減少、もしくは多額のリストラ費用がかかったことによる特別損失の発生が考えられます。会社の税金である法人税は利益に対して課税されるので、利益が出ていなければ著しく増えることはありません。また、借入金の返済は損益計算書上のどの利益にも影響を与えません。当期純利益は株主の取り分ですから、減少すると株主の取り分が少なくなってしまいます。

> **同業他社比較問題　解答解説**

（解答は順に、営業利益の減少、配当金）

　業界全体で、競争の激化によって本業が苦しくなり、営業利益が減り、当期純利益も減少したと考えられます。設備投資の増加は、あったとしてもすぐには損益計算書には現れません。減価償却費として、数年間にわたって投資金額を案分して計上していくので、影響が生じるのは後になります。

　最終赤字になれば、株主への利益の配分である配当金は見送られ、無配になる可能性が高くなります。受取利息は借入金に対する金利ですから、債権者に対して支払われるものです。

コラム●当期純利益は株主のもの

　株主資本は返済の必要性がないことから、コストがかからないと思われていることが多いようです。しかし、株主はリターンを求めずに投資するわけではありません。株主のリターンには、配当金と株価の値上がり益の2つがあるといわれています。この配当金と株価の値上がり益の根拠となるのはいったい何でしょうか？　実は両方とも当期純利益なのです。当期純利益は株主のものなのです。

　当期純利益は利益として計上されていますので、「株主にかかわるコスト」とは認識しにくいのですが、実は立派なコストといえるでしょう。

経営の実力を計る指標
❹総資本事業利益率（ROA）

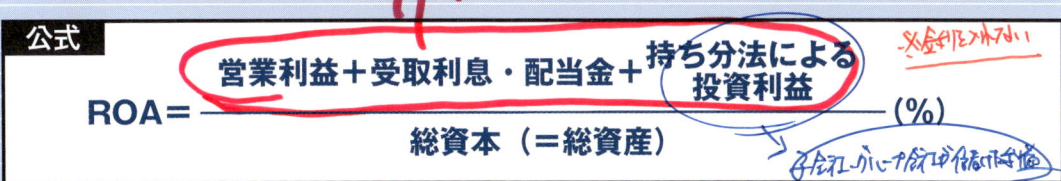

指標の判断

ROAが高いほど、儲ける効率がいい会社となる。
業種によって差はあるが、一般的には5％を超えるとかなりいいといわれている。

指標の解説

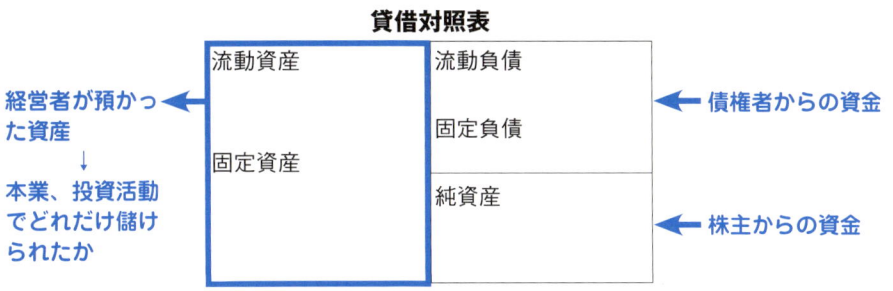

　分母は、投資家である債権者と株主から経営者が預かった資金である「総資本」（総資産と総資本は同一です）で、分子には「事業利益」といわれる利益がきます。
　事業利益はあまり耳慣れない言葉だと思います。決算書上も表示されていることはなく、実際に計算して求めることになります。本業で稼ぎだした営業利益、債権者としての投資（融資）で得られる受取利息、株主としての投資で得られる受取配当金を加算して算出します。同じ株主でも、グループ会社に対する投資の場合は、持ち分法による投資利益と呼ばれます。事業利益とはつまり、経営者が本業・本業以外のすべての活動で稼ぎ出した利益のことなのです。
　ROAは経営者が投資家から預かった総資産をすべての活動においてどのくらい増やすことができたかを示す指標となります。なお、事業利益以外の数値（営業、経常、当期純利益など）を分子にとるケースもあります。どの利益をとってもROAの意味するところは同じですが、最も経営者の実力を計ることができる利益が事業利益です。

第2章　会社の儲ける力を知る収益性分析

A社の決算書

連結貸借対照表（20XX年3月31日現在）（単位：百万円）

資産の部		負債の部	
流動資産		流動負債	
現金及び預金	221,110	支払手形及び買掛金	521,647
受取手形及び売掛金	402,996	短期借入金	155,456
棚卸資産	492,574	コマーシャルペーパー	150,000
その他	195,080	未払費用	180,295
流動資産計	1,311,760	その他	237,682
固定資産		流動負債計	1,245,080
（有形固定資産）	982,016	固定負債	
建物及び構築物	402,506	社債	250,000
機械装置及び運搬具	371,544	長期借入金	227,126
工具機器及び備品	63,261	その他	23,994
土地	101,250	固定負債計	501,120
建設仮勘定	32,750	負債合計	1,746,200
その他	10,705	純資産の部	
（無形固定資産）	87,234	資本金	205,000
ソフトウェア	52,750	資本剰余金	270,536
その他	34,484	利益剰余金	515,214
（投資その他の資産）	315,090	株主資本合計	990,750
投資有価証券	171,596	その他の包括利益累計額	−63,506
その他	143,494	少数株主持分	22,656
固定資産計	1,384,340	純資産合計	949,900
資産合計	2,696,100	負債・純資産合計	2,696,100

経営者が投資家から預かった資産

連結損益計算書（単位：百万円）
（20XX年4月1日から20YY年3月31日）

売上高	3,082,637
売上原価	2,465,452
売上総利益	617,185
販売費及び一般管理費	531,820
給料及び手当	245,025
広告宣伝費	10,154
研究開発費	104,700
その他	171,941
営業利益	85,365
営業外収益	16,523
受取利息及び配当金	2,375
持ち分法による投資利益	10,684
その他	3,464
営業外費用	36,308
支払利息	8,050
その他	28,258
経常利益	65,580
特別利益	1,554
特別損失	23,015
税金等調整前当期純利益	44,119
法人税、住民税及び事業税	22,972
法人税等調整額	−6,424
少数株主利益	1,809
当期純利益	25,762

経営者が本業で儲けた利益
経営者が本業以外の投資で儲けた利益

連結キャッシュフロー計算書（単位：百万円）
（20XX年4月1日から20YY年3月31日）

営業活動によるキャッシュフロー	
税金等調整前当期純利益	44,119
減価償却費	112,281
売上債権の増減額	28,762
棚卸資産の増減額	−63,599
仕入債務の増減額	−4,675
その他	43,121
営業活動によるキャッシュフロー	160,009
投資活動によるキャッシュフロー	
有形固定資産の取得による支出	−175,724
無形固定資産の取得による支出	−3,120
その他	−47,295
投資活動によるキャッシュフロー	−226,139
財務活動によるキャッシュフロー	
短期借入金の純増減額	34,775
長期借入れによる収入	90,665
長期借入金の返済による支出	−47,051
社債の発行による収入	5,000
配当金の支払額	−10,525
その他	−83,309
財務活動によるキャッシュフロー	−10,445
現金増減額	−76,575
期首現金残高	297,685
期末現金残高	221,110

Q 基本計算　A社のROAを求めましょう。

$$ROA = \frac{営業利益＋受取利息・配当金＋持ち分法による投資利益}{総資本＝（総資産）} \times 100 = \boxed{} （\%）$$

Q 時系列比較にチャレンジ

当期のROAを記入し、（　）内の選択肢を選んでください。

過年度財務指標

5期前	4期前	3期前	2期前	当期
6.50%	6.21%	△1.87%	1.95%	％

　4期前までは目安となる5％を超えたROAをあげていましたが、3期前に（経常利益・事業利益）がマイナスになったことによりROAがマイナスになりました。それ以降、徐々に回復しているものの、4期前の水準にはまだ遠い状況です。ROAは経営者が（本業のみ・本業と投資活動）から稼いだ利益を分子にとっているため、赤字になるとマイナスになります。ROAを回復させるには、本業の回復はもちろんのこと（事業用資産の売却・遊休資産の売却）を通じて総資産を圧縮させて効率を上げる手法もあります。

Q 同業他社比較にチャレンジ

A社のROAを記入し、（　）内の選択肢を選んでください。

同業他社財務指標

A社	B社	C社	D社
％	5.08%	4.08%	1.68%

　A社は業界全体としてB社、C社よりも低いですが、D社よりは高いROAです。ROAが高いということは、事業利益が多いか、（純資産、総資産）が少ないかのどちらかです。B社とC社のROAの構成要素を調べてどちらのパターンなのか認識する必要があります。後者の場合、（総資産の圧縮・純資産の圧縮）を通じて会社をスリム化し、より効率的な経営をしていく必要があります。

主要企業のROAの目安

百貨店	コンビニ	ドラッグ	電機メーカー	自動車	製薬
1.38%	11.87%	7.38%	4.13%	5.13%	13.41%

> **基本計算の解答**

$$\text{ROA} = \frac{\underset{85,365}{\text{営業利益}} + \underset{2,375}{\text{受取利息・配当金}} + \underset{10,684}{\text{持ち分法による投資利益}}}{\underset{2,696,100}{\text{総資本（＝総資産）}}} \times 100 = 3.65\%$$

> **時系列比較問題　解答解説**
>
> （解答は順に、事業利益、本業と投資活動、遊休資産の売却）
>
> ROAがマイナスになるのは、分子の事業利益がマイナスになる場合です。ここでは、ROAを事業利益をもとに算出しましたので、経常利益は選択されません。ROAは経営者が本業と投資活動両方から稼いだ利益を分子にとっています。事業利益は受取利息や受取配当金といった投資活動から得られる営業外収益も含まれます。ROAを回復させるには、分子の事業利益の構成要素である本業の利益＝営業利益の回復はもちろんのこと、遊休資産の売却により分母の総資産を圧縮する方法もあります。事業用資産を売却してしまうと将来の営業利益が低下してしまう恐れがあります。

> **同業他社比較問題　解答解説**
>
> （解答は順に、総資産、総資産の圧縮）
>
> ROAが高いということは、分子の事業利益が多いか、分母の総資産が少ないかのどちらかです。純資産はここでは関係がありません。B社とC社のROAの構成要素を調べて事業利益が多いのか、総資産を圧縮しているのか認識する必要があります。前者の場合は、A社にもまだ改善の余地があるということです。後者の場合、遊休資産を売却や廃棄して、総資産の圧縮をはかり会社をスリム化する必要があります。

> **コラム●経常利益ではなく、事業利益を使うのはなぜか**
>
> ROAの分子の利益を経常利益で計算することもありますが、より正確に経営者の実力を計りたいのであれば事業利益を使った方がよいでしょう。分子の利益の中に支払利息を含めてしまうと、経営者の実力そのものではなく、資金調達まで含めてしまうことになってしまうからです。例えば10億円の資産を預かったHさんとIさんという経営者がいたとします。Hさんは3億円儲けて支払利息を2億円払い、残ったのが1億円です。Iさんは1億円儲けて支払利息を払っていません。この2人の経営者の実力を計るとすれば、支払利息を含める前の当初の儲けの段階でしょう。同額の資産で同額の事業利益を稼ぎ出している経営者が借金をするかしないかで評価が変わってしまうことはおかしいと思いませんか。

株主はどれだけ儲けたか
❺ 株主資本当期純利益率（ROE）

公式

$$ROE = \frac{当期純利益}{株主資本} \quad (\%)$$

指標の判断

ROEが高いほど、儲ける効率がいい会社である。
業種によって差はあるが、一般的には10％を超えるとかなりいいといわれている。

指標の解説

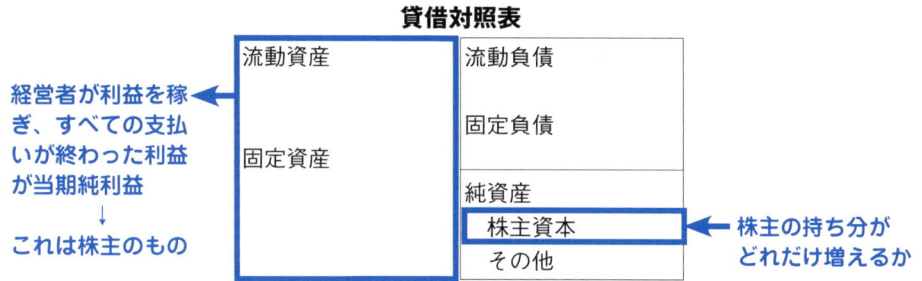

　分母は、株主の持ち分である株主資本で、分子は株主の取り分となる当期純利益です。

　株主資本は株主が直接払い込んだ出資分と、企業がこれまで稼いだ利益を配当せずに会社内においておく内部留保からなっています。株主が払い込んだ出資をもとに、経営者はビジネスを行い、利益を稼ぎます。稼いだ利益は株主へ配当金として還元するか、会社内に残して再度事業に回して利益を稼ぐのに使われるかのどちらかです。ROEは株主の持ち分が最終的にどれだけ増えたのかがわかる指標です。経営者が株主に対して会社の魅力をアピールする指標であり、株主も株式投資をするにあたって気にする指標です。

　好況時、会社は積極的に有利子負債を増やして利益をあげていきますのでROEは高くなる傾向があります。不況時には有利子負債返済が優先され、無借金経営が好まれるため、分母である株主資本は相対的に高くなり、ROEは低くなる傾向があります。

A社の決算書

連結貸借対照表（20XX年3月31日現在）（単位：百万円）

資産の部		負債の部	
流動資産		流動負債	
現金及び預金	221,110	支払手形及び買掛金	521,647
受取手形及び売掛金	402,996	短期借入金	155,456
棚卸資産	492,574	コマーシャルペーパー	150,000
その他	195,080	未払費用	180,295
流動資産計	1,311,760	その他	237,682
固定資産		流動負債計	1,245,080
（有形固定資産）	982,016	固定負債	
建物及び構築物	402,506	社債	250,000
機械装置及び運搬具	371,544	長期借入金	227,126
工具機器及び備品	63,261	その他	23,994
土地	101,250	固定負債計	501,120
建設仮勘定	32,750	負債合計	1,746,200
その他	10,705	純資産の部	
（無形固定資産）	87,234	資本金	205,000
ソフトウェア	52,750	資本剰余金	270,536
その他	34,484	利益剰余金	515,214
（投資その他の資産）	315,090	株主資本合計	990,750
投資有価証券	171,596	その他の包括利益累計額	−63,506
その他	143,494	少数株主持分	22,656
固定資産計	1,384,340	純資産合計	949,900
資産合計	2,696,100	負債・純資産合計	2,696,100

（資本金・資本剰余金・利益剰余金＝株主資本合計：株主の出資分と過去に儲けた利益の内部留保）

連結損益計算書（単位：百万円）
（20XX年4月1日から20YY年3月31日）

売上高		3,082,637
売上原価		2,465,452
売上総利益		617,185
販売費及び一般管理費		531,820
給料及び手当	245,025	
広告宣伝費	10,154	
研究開発費	104,700	
その他	171,941	
営業利益		85,365
営業外収益		16,523
受取利息及び配当金	2,375	
持ち分法による投資利益	10,684	
その他	3,464	
営業外費用		36,308
支払利息	8,050	
その他	28,258	
経常利益		65,580
特別利益		1,554
特別損失		23,015
税金等調整前当期純利益		44,119
法人税、住民税及び事業税		22,972
法人税等調整額		−6,424
少数株主利益		1,809
当期純利益		25,762

（当期純利益：すべての支払いが終わった最終的な利益）

連結キャッシュフロー計算書（単位：百万円）
（20XX年4月1日から20YY年3月31日）

営業活動によるキャッシュフロー	
税金等調整前当期純利益	44,119
減価償却費	112,281
売上債権の増減額	28,762
棚卸資産の増減額	−63,599
仕入債務の増減額	−4,675
その他	43,121
営業活動によるキャッシュフロー	160,009
投資活動によるキャッシュフロー	
有形固定資産の取得による支出	−175,724
無形固定資産の取得による支出	−3,120
その他	−47,295
投資活動によるキャッシュフロー	−226,139
財務活動によるキャッシュフロー	
短期借入金の純増減額	34,775
長期借入れによる収入	90,665
長期借入金の返済による支出	−47,051
社債の発行による収入	5,000
配当金の支払額	−10,525
その他	−83,309
財務活動によるキャッシュフロー	−10,445
現金増減額	−76,575
期首現金残高	297,685
期末現金残高	221,110

Q 基本計算　A社のROEを求めましょう。

$$ROE = \frac{\text{当期純利益}\;\boxed{}}{\text{株主資本}\;\boxed{}} \times 100 = \boxed{}\;(\%)$$

Q 時系列比較にチャレンジ

当期のROEを記入し、（　）内の選択肢を選んでください。

過年度財務指標

5期前	4期前	3期前	2期前	当期
8.58%	7.99%	△11.19%	0.40%	％

　4期前までは高いROEを達成していたのですが、3期前にマイナスに転じました。それ以降は回復基調にありますが、苦戦が続いています。マイナスの原因は（当期純損失・自社の株価の下落）であり、苦戦の大きな原因は（高い税金・本業の不振）です。ROEが低水準だと、株主は会社の魅力が低下したと考えます。既存の株主は株式を売却することもあるでしょう。魅力がなくなった会社の株価は下落する可能性が高く、さらに（新たな出資・追加の借入）はしにくい状況になります。こうなると、経営活動にいろいろと支障が出てくる可能性があります。

Q 同業他社比較にチャレンジ

A社のROEを記入し、（　）内の選択肢を選んでください。

同業他社財務指標

A社	B社	C社	D社
％	3.41%	4.00%	0.63%

　A社のROEは業界内でみると3番目です。B社、C社と比較すると低いもののそれほど大きな差にはなっていません。業界全体として低い水準といえるでしょう。他社も厳しい状況であれば、A社はいち早い立て直しを行い、（新規の借入・本業の回復）を通じてROEの向上に努めるべきと考えます。そのうえで、（株主・債権者）に会社の魅力をアピールしていかなくてはなりません。

主要企業のROEの目安

百貨店	コンビニ	ドラッグ	電機メーカー	自動車	製薬
0.62%	12.44%	6.66%	2.89%	12.00%	10.40%

> **基本計算の解答**

$$ROE = \frac{\text{当期純利益}}{\text{株主資本}} \times 100 = \frac{25,762}{990,750} \times 100 = 2.60 \text{（％）}$$

> **時系列比較問題　解答解説**

（解答は順に、当期純損失、本業の不振、新たな出資）

　3期前のROEマイナスの原因は当期純損失です。分子の当期純利益がマイナスになればROEもマイナスになります。当然、分母の株主資本がマイナスになれば、やはりマイナスになりますが、4期前まで比較的高いROEであったことを考えると、当期純損失が主因とみるべきでしょう。3期前以降の苦戦の大きな原因は本業の不振です。税金は稼いだ利益に対して課税されますから、稼いだ利益が減少すればそれに比例して減少していきます。

　ROEが低水準だと、株主は会社の魅力が低下したと考え、新たな出資を集めることが難しくなります。借入金は債権者から調達する資金ですから、ROEとは関係ありません。

> **同業他社比較問題　解答解説**

（解答は順に、本業の回復、株主）

　業界全体として低い水準になってしまうと、業界自体が高リスクとみられ、投資をする株主に敬遠されてしまいます。借入金を使って負債を中心とした資金調達をしても、本業の回復を通じた当期純利益が増加しないと、株主には見向きもされないでしょう。

コラム●株式投資ではROEの分だけ儲かるのか？

　ROEは株主の持ち分がどれだけ増えたかがわかる指標です。それでは、株式投資をしたら必ずROE分だけ儲かるのでしょうか？　答えはNOです。株価は将来の会社の儲けを見越した、売主と買主の相対取引で決まります。

　例えば、ある製薬会社が肺がんの特効薬を開発したと聞いたら、ほとんどの方がその製薬会社の株価は上がると考えるでしょう。しかし、その製薬会社は開発に成功しただけで、まだ利益は得ていません。あくまで将来儲かりそうという期待だけで株価が上がっているのです。このように、株式取引をする人たちは将来の会社の価値を見越して取引を行います。会社の決算書は過去の数値ですから、将来の株価とはっきりとした因果関係はありません。ROEも過去の数値でこれだけ儲かりましたよということを表しているに過ぎず、ROE分だけ必ず儲かることを示しているわけではないのです。

❻ROAを上げる方法

「分解」すればみえてくる

分解式

$$\frac{事業利益}{総資本（ROA）} = \frac{事業利益}{売上高（売上高事業利益率）} \times \frac{売上高}{総資本（総資本回転率）}$$

指標の解説

　ROAを分解すると、ROAを高める手法が導き出されます。上記分解式のように、売上高を使って、売上高事業利益率と総資本回転率に分けます。売上高事業利益率は利幅のことです。総資本回転率は集めた資産を何回使えたか、ということです。

　例えば、100万円持っていた人が、1カ月後に110万円にしたいと思った場合、方法は大きく2つあります。1つ目は100万円で商品を仕入れて、1カ月かけて110万円で1回だけ売ることです。2つ目は100万円で仕入れた商品を101万円で売ることを、1カ月間に10回繰り返すことです。両者とも1カ月後には10万円の利益が出ているはずです。

　売上高事業利益率が示している利幅とは、どのくらい利益をのせることができたかです。上の例でいえば、100万円に販売するときにのせた10万円と1万円がこれにあたります。総資本回転率とは、元の100万円を何回使えたかということです。上の例では、1回と10回という回数が該当します。

　商売のやり方は、突き詰めていくと利幅追求モデルか、回転率を追求する薄利多売モデルになります。ROAの分解式をみれば、利幅追求モデルか薄利多売モデルかを見分けることができます。

（利幅追求モデル）
　ROA ＝ 売上高事業利益率 × 総資本回転率
　　　　　　　　高い　　　　　　　　低い

（薄利多売モデル）
　ROA ＝ 売上高事業利益率 × 総資本回転率
　　　　　　　　低い　　　　　　　　高い

A社の決算書

連結貸借対照表（20XX年3月31日現在）（単位：百万円）

資産の部		負債の部	
流動資産		流動負債	
現金及び預金	221,110	支払手形及び買掛金	521,647
受取手形及び売掛金	402,996	短期借入金	155,456
棚卸資産	492,574	コマーシャルペーパー	150,000
その他	195,080	未払費用	180,295
流動資産計	1,311,760	その他	237,682
固定資産		流動負債計	1,245,080
（有形固定資産）	982,016	固定負債	
建物及び構築物	402,506	社債	250,000
機械装置及び運搬具	371,544	長期借入金	227,126
工具機器及び備品	63,261	その他	23,994
土地	101,250	固定負債計	501,120
建設仮勘定	32,750	負債合計	1,746,200
その他	10,705	純資産の部	
（無形固定資産）	87,234	資本金	205,000
ソフトウェア	52,750	資本剰余金	270,536
その他	34,484	利益剰余金	515,214
（投資その他の資産）	315,090	株主資本合計	990,750
投資有価証券	171,596	その他の包括利益累計額	－63,506
その他	143,494	少数株主持分	22,656
固定資産計	1,384,340	純資産合計	949,900
資産合計	2,696,100	負債・純資産合計	2,696,100

経営者が投資家から預かった資産 ← （資産の部）

連結損益計算書（単位：百万円）
（20XX年4月1日から20YY年3月31日）

売上高	3,082,637
売上原価	2,465,452
売上総利益	617,185
販売費及び一般管理費	531,820
給料及び手当	245,025
広告宣伝費	10,154
研究開発費	104,700
その他	171,941
営業利益	85,365
営業外収益	16,523
受取利息及び配当金	2,375
持ち分法による投資利益	10,684
その他	3,464
営業外費用	36,308
支払利息	8,050
その他	28,258
経常利益	65,580
特別利益	1,554
特別損失	23,015
税金等調整前当期純利益	44,119
法人税、住民税及び事業税	22,972
法人税等調整額	－6,424
少数株主利益	1,809
当期純利益	25,762

営業活動の大きさ ← 売上高

経営者が本業と投資で儲けた利益 ← 営業利益〜持ち分法による投資利益

連結キャッシュフロー計算書（単位：百万円）
（20XX年4月1日から20YY年3月31日）

営業活動によるキャッシュフロー	
税金等調整前当期純利益	44,119
減価償却費	112,281
売上債権の増減額	28,762
棚卸資産の増減額	－63,599
仕入債務の増減額	－4,675
その他	43,121
営業活動によるキャッシュフロー	160,009
投資活動によるキャッシュフロー	
有形固定資産の取得による支出	－175,724
無形固定資産の取得による支出	－3,120
その他	－47,295
投資活動によるキャッシュフロー	－226,139
財務活動によるキャッシュフロー	
短期借入金の純増減額	34,775
長期借入れによる収入	90,665
長期借入金の返済による支出	－47,051
社債の発行による収入	5,000
配当金の支払額	－10,525
その他	－83,309
財務活動によるキャッシュフロー	－10,445
現金増減額	－76,575
期首現金残高	297,685
期末現金残高	221,110

Q 基本計算　A社のROAの分解式を求めましょう。

$$\frac{事業利益}{総資本} = \frac{事業利益}{売上高} \times \frac{売上高}{総資本}$$

（ROA）　　　（売上高事業利益率）　　　（総資本回転率）

□□□％　　　　□□□％　　　　□□□（回）

Q 同業他社比較にチャレンジ

A社のROAの分解した指標を記入し、（　）内の選択肢を選んでください。

同業他社財務指標

指標	A社	B社	C社	D社
ROA	％	5.08％	4.08％	1.68％
売上高事業利益率	％	4.28％	3.63％	1.52％
総資本回転率	％	1.19回	1.12回	1.10回

　ROAを分解してみると、4社とも総資本回転率は1回ちょっとなので、（薄利多売モデル・利幅追求モデル）であることがわかります。各社のROAの違いは（売上高事業利益率・総資本回転率）の違いによって生じています。
　利幅追求モデルは、販売している商品やサービスについて他社との差別化を行い、できるだけ価格を（下げる・維持する）ことが大事になってきます。
　薄利多売モデルは、債権者と株主から集めた資産である（総資産・純資産）をできるだけ何度も使うことが大事です。価格を下げて大量に商品やサービスを販売するのです。

主要企業のROAの分解式の目安

指標	百貨店	コンビニ	ドラッグ	電機メーカー	自動車	製薬
ROA	1.38％	11.87％	7.38％	4.13％	5.13％	13.41％
売上高事業利益率	1.40％	12.81％	3.75％	3.72％	6.64％	26.33％
総資本回転率	0.99回	0.93回	1.97回	1.11回	0.77回	0.51回

> **基本計算の解答**

$$\underset{\substack{(\text{ROA}) \\ 3.65\%}}{\frac{\text{事業利益}}{\text{総資本}}\frac{98{,}424}{2{,}696{,}100}} = \underset{\substack{(\text{売上高事業利益率}) \\ 3.19\%}}{\frac{\text{事業利益}}{\text{売上高}}\frac{98{,}424}{3{,}082{,}637}} \times \underset{\substack{(\text{総資本回転率}) \\ 1.14\text{回}}}{\frac{\text{売上高}}{\text{総資本}}\frac{3{,}082{,}637}{2{,}696{,}100}}$$

> **同業他社比較問題　解答解説**
>
> (解答は順に、利幅追求モデル、売上高事業利益率、維持する、総資産)
>
> 　ROAを分解してみると、4社とも総資本回転率が1回程度ということは、集めてきた資産を1回しか使っていないということですから、利幅追求モデルとみることができます。総資本回転率がほぼ同じですから、売上高事業利益率に違いがあるということです。
>
> 　利幅追求モデルは、商品やサービスの競争力を強化して価格を維持し、利益をしっかりと確保することが大事です。
>
> 　薄利多売モデルは、価格を下げて大量に商品やサービスを販売し、コツコツと利益を積み上げていくことが欠かせません。

コラム●大きな投資が必要な事業は、価格競争に陥ると危険

　ROAの分解式から利幅追求モデルと薄利多売モデルに分けることができましたが、大きな投資が必要な事業はどちらに属するのでしょうか。

　多額の投資が必要になるということは、その分だけ総資産が大きくなる可能性が高いといえます。総資本回転率の分母が大きくなるため、回転率は低下することになります。ROAを上げるためには、売上高事業利益率を上げる必要性に迫られます。つまり、利幅追求モデルにならざるを得ないのです。

　このように、大きな投資が必要な事業で価格競争に陥ると、もともと総資本回転率が低いことに加えて、売上高事業利益率まで低くなってしまい、「低い－低いモデル」になってしまいます。つまり、価格競争に陥ることは危険だということです。日本の家電メーカーが現在苦戦しているのは、このような構図によるものなのです。

「分解」すればみえてくる
❼ ROEを上げる方法

分解式

$$\frac{当期純利益}{株主資本}（ROE） = \frac{当期純利益}{売上高}（売上高当期純利益率） \times \frac{売上高}{総資本}（総資本回転率） \times \frac{総資本}{株主資本}（財務レバレッジ）$$

指標の解説

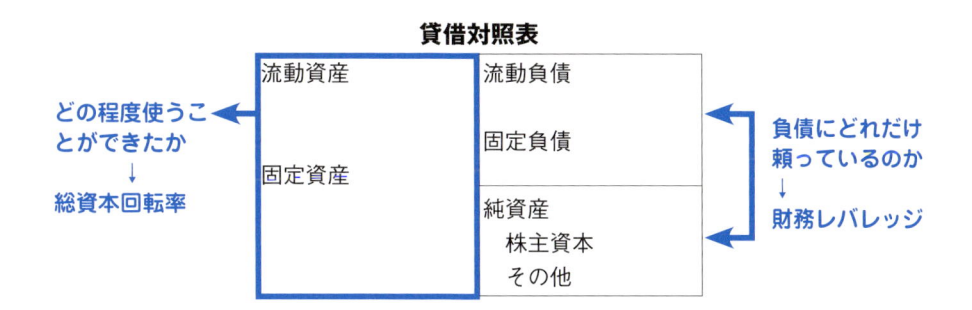

貸借対照表

流動資産	流動負債
	固定負債
固定資産	純資産 　株主資本 　その他

どの程度使うことができたか
↓
総資本回転率

負債にどれだけ頼っているのか
↓
財務レバレッジ

　ROEを分解するには、売上高と総資本を式の中に入れることです。そうすると、上の式のように、売上高当期純利益率、総資本回転率、財務レバレッジに分けられることがわかります。

　財務レバレッジとは株主資本比率の逆で、資金調達全体が株主資本の何倍になるかを示す指標です。財務レバレッジが高いほど、負債による資金調達が多いことを表しています。

　負債による資金調達は金利が決まっているため、金利以上に儲けが出ても、会社は債権者には当初約束した金利を支払うだけですみます。つまり、金利以上の儲け分を、そのまま株主がもらうことができるわけです。まさに「他人のフンドシで相撲をとっている」状態です。しかし、儲からないときでも債権者には金利を支払わなければなりません。金利分まで儲からなければ、株主の儲け分から差し引かれることになるのです。

　つまり財務レバレッジが高いと、儲けが出たときには株主にとってはかなりのリターンが期待できる反面、儲けが出なかったときに差し引かれる分も大きくなるわけです。

A社の決算書

連結貸借対照表（20XX年3月31日現在）（単位：百万円）

資産の部		負債の部	
流動資産		流動負債	
現金及び預金	221,110	支払手形及び買掛金	521,647
受取手形及び売掛金	402,996	短期借入金	155,456
棚卸資産	492,574	コマーシャルペーパー	150,000
その他	195,080	未払費用	180,295
流動資産計	1,311,760	その他	237,682
固定資産		流動負債計	1,245,080
(有形固定資産)	982,016	固定負債	
建物及び構築物	402,506	社債	250,000
機械装置及び運搬具	371,544	長期借入金	227,126
工具機器及び備品	63,261	その他	23,994
土地	101,250	固定負債計	501,120
建設仮勘定	32,750	負債合計	1,746,200
その他	10,705	純資産の部	
(無形固定資産)	87,234	資本金	205,000
ソフトウェア	52,750	資本剰余金	270,536
その他	34,484	利益剰余金	515,214
(投資その他の資産)	315,090	株主資本合計	990,750
投資有価証券	171,596	その他の包括利益累計額	−63,506
その他	143,494	少数株主持分	22,656
固定資産計	1,384,340	純資産合計	949,900
資産合計	2,696,100	負債・純資産合計	2,696,100

経営者が集めた資産 →

株主の出資分 →

連結損益計算書（単位：百万円）
（20XX年4月1日から20YY年3月31日）

売上高	3,082,637
売上原価	2,465,452
売上総利益	617,185
販売費及び一般管理費	531,820
給料及び手当	245,025
広告宣伝費	10,154
研究開発費	104,700
その他	171,941
営業利益	85,365
営業外収益	16,523
受取利息及び配当金	2,375
持ち分法による投資利益	10,684
その他	3,464
営業外費用	36,308
支払利息	8,050
その他	28,258
経常利益	65,580
特別利益	1,554
特別損失	23,015
税金等調整前当期純利益	44,119
法人税、住民税及び事業税	22,972
法人税等調整額	−6,424
少数株主利益	1,809
当期純利益	25,762

営業活動の大きさ →

すべての支払いが終わった利益 →

連結キャッシュフロー計算書（単位：百万円）
（20XX年4月1日から20YY年3月31日）

営業活動によるキャッシュフロー	
税金等調整前当期純利益	44,119
減価償却費	112,281
売上債権の増減額	28,762
棚卸資産の増減額	−63,599
仕入債務の増減額	−4,675
その他	43,121
営業活動によるキャッシュフロー	160,009
投資活動によるキャッシュフロー	
有形固定資産の取得による支出	−175,724
無形固定資産の取得による支出	−3,120
その他	−47,295
投資活動によるキャッシュフロー	−226,139
財務活動によるキャッシュフロー	
短期借入金の純増減額	34,775
長期借入れによる収入	90,665
長期借入金の返済による支出	−47,051
社債の発行による収入	5,000
配当金の支払額	−10,525
その他	−83,309
財務活動によるキャッシュフロー	−10,445
現金増減額	−76,575
期首現金残高	297,685
期末現金残高	221,110

Q 基本計算　A社のROEの分解式を求めましょう。

$$\frac{当期純利益}{株主資本}(ROE) = \frac{当期純利益}{売上高}(売上高当期純利益率) \times \frac{売上高}{総資本}(総資本回転率) \times \frac{総資本}{株主資本}(財務レバレッジ)$$

[　　]％ ＝ [　　]％ × [　　]回 × [　　]倍

Q 同業他社比較にチャレンジ

A社のROEを分解した指標を記入し、（　）内の選択肢を選んでください。

同業他社財務指標

指標	A社	B社	C社	D社
ROE	［　　］％	3.41％	4.00％	0.63％
売上高当期純利益率	［　　］％	1.22％	0.65％	0.08％
総資本回転率	［　　］回	1.19回	1.12回	1.10回
財務レバレッジ	［　　］倍	2.36倍	5.49倍	6.99倍

　A社のROEが、B社、C社と比べて低い原因をみてみましょう。B社は売上高当期純利益率がA社より（高い・低い）ものの、財務レバレッジは（高く・低く）なっています。ROEが高い原因は（売上高当期純利益率・財務レバレッジ）にあると考えられます。

　C社は売上高当期純利益率がA社より（高い・低い）ものの、財務レバレッジは（高く・低く）なっています。両社のROEの上げ方は正反対といえます。

　D社は売上高当期純利益率は低いものの、財務レバレッジが高いので、ROEはある程度までは持ち直しています。ただ、ここまで売上高当期純利益率が低くなると、翌期以降に赤字になった場合、財務レバレッジが高いため加速度的にROEが低下してしまうのです。

主要企業のROEの分解式の目安

指標	百貨店	コンビニ	ドラッグ	電機メーカー	自動車	製薬
ROE	0.62％	12.44％	6.66％	2.89％	12.00％	10.40％
売上高当期純利益率	0.22％	5.75％	1.70％	0.85％	5.98％	17.46％
総資本回転率	0.99回	0.93回	1.97回	1.11回	0.77回	0.51回
財務レバレッジ	2.93倍	2.33倍	1.99倍	3.06倍	2.60倍	1.17倍

基本計算の解答

$$\underset{(ROE)\ 2.60\%}{\frac{当期純利益\ 25{,}762}{株主資本\ 990{,}750}} = \underset{(売上高当期純利益率)\ 0.84\%}{\frac{当期純利益\ 25{,}762}{売上高\ 3{,}082{,}637}} \times \underset{(総資本回転率)\ 1.14\ 回}{\frac{売上高\ 3{,}082{,}637}{総資本\ 2{,}696{,}100}} \times \underset{(財務レバレッジ)\ 2.72\ 倍}{\frac{総資本\ 2{,}696{,}100}{株主資本\ 990{,}750}}$$

同業他社比較問題　解答解説

（解答は順に、高い、低く、売上高当期純利益率、低い、高く）

B社は売上高当期純利益率がA社より高いものの、財務レバレッジは低くなっています。ROEがA社より高い原因は、売上高当期純利益率を工夫して高い水準に保っていたためです。C社は売上高当期純利益率がA社より低いものの、財務レバレッジは高くなっています。両社のROEの上げ方は正反対といえるでしょう。

コラム1 ● 下がり続けるROEの不思議

ROE低下と聞くと、会社が儲けられなくなったように聞こえますが、実はそうとも限りません。ある会社で500の株主資本があったとします。毎年100ずつの当期純利益をあげ、内部留保しておくとすると、株主資本にそのまま加算されていきます。次期の終わりには株主資本は600になります。同じ水準の利益が続けば、700、800と毎年増えます。一方で、当期純利益は毎年100で変わりません。このため、同じ利益でもROEは下がってしまうのです。

	次期	2期後	3期後
当期純利益	100	100	100
株主資本	600	700	800
ROE	16.67%	14.29%	12.5%

コラム2 ● ROEが高い会社はいい会社か

前期の始めに600の株主資本がある会社があったとします。この会社が前期に500の当期純損失を計上した場合、ROEはマイナス500％になり、株主資本は100まで減少します。この会社が当期純利益100を計上した場合、当期の終わりに株主資本は200になります。すると、ROEはいきなり50％になります。確かに今期に限っては儲けたといえると思いますが、少なくとも前々期の株主資本600に戻った時点で評価すべきではないでしょうか。

	前々期	前期	当期
当期純利益	100	△500	100
株主資本	600	100	200
ROE	16.67%	△500.00%	50.0%

ROEとROAの関係はどうなっているのか
❽ ROEのレバレッジ効果

今、表1のようなH社、I社、J社の3社があるとします。3社の違いは資金調達の違いです。H社は無借金経営。I社は出資と借金を半分ずつ。J社は借金中心の資金調達をしています。負債の金利を8％、税率を40％として、下記の各社の損益計算書を完成させてROAとROEを計算してみてください。
（支払利息は負債にそのまま8％をかけて計算してください。税金は税引前当期純利益に40％をかけて計算してください。また、株主資本と総資産は等しいものとします）

表1

	H社	I社	J社
負債	0	500	800
純資産（＝株主資本）	1,000	500	200
総資本（＝総資産）	1,000	1,000	1,000

計算問題1

	H社	I社	J社
売上高	2,000	2,000	2,000
売上原価・販管費	1,920	1,920	1,920
営業利益			
受取利息・配当金	20	20	20
事業利益			
支払利息			
税引前当期純利益			
税金			
当期純利益			
ROA	％	％	％
ROE	％	％	％

計算問題2

計算問題1と同じように下記の損益計算書を完成させて各社のROAとROEを計算してみてください。

	H社	I社	J社
売上高	2,000	2,000	2,000
売上原価・販管費	1,950	1,950	1,950
営業利益			
受取利息・配当金	20	20	20
事業利益			
支払利息			
税引前当期純利益			
税金			
当期純利益			
ROA	％	％	％
ROE	％	％	％

計算問題3

計算問題1、2と同じように下記の損益計算書を完成させて各社のROAとROEを計算してみてください。3社の資金調達には表1のまま変化はありません。計算問題2と比べて、売上原価・販管費が1,950から1,940に低下しています。

	H社	I社	J社
売上高	2,000	2,000	2,000
売上原価・販管費	1,940	1,940	1,940
営業利益			
受取利息・配当金	20	20	20
事業利益			
支払利息			
税引前当期純利益			
税金			
当期純利益			
ROA	%	%	%
ROE	%	%	%

計算問題1 解答

	H社	I社	J社
売上高	2,000	2,000	2,000
売上原価・販管費	1,920	1,920	1,920
営業利益	**80**	**80**	**80**
受取利息・配当金	20	20	20
事業利益	**100**	**100**	**100**
支払利息	**0**	**40**	**64**
税引前当期純利益	**100**	**60**	**36**
税金	**40**	**24**	**14.4**
当期純利益	**60**	**36**	**21.6**
支払利息	1,000×8％＝0	500×8％＝40	800×8％＝64
税金	100×40％＝40	60×40％＝24	36×40％＝14.4
当期純利益	100－40＝60	60－24＝36	36－14.4＝21.6
ROA	100÷1,000＝**10%**	100÷1,000＝**10%**	100÷1,000＝**10%**
ROE	60÷1,000＝**6%**	36÷500＝**7.2%**	21.6÷200＝**10.8%**

コメント

計算結果をみてみると、同じ収益構造でも借金の残高が多いほどROEが高くなっています。それでは、会社はもっと借金をしてROEを上げたほうがいいのでしょうか。何かちょっとしっくりこない感じがします。

計算問題2解答

	H社	I社	J社
売上高	2,000	2,000	2,000
売上原価・販管費	1,950	1,950	1,950
営業利益	**50**	**50**	**50**
受取利息・配当金	20	20	20
事業利益	**70**	**70**	**70**
支払利息	**0**	**40**	**64**
税引前当期純利益	**70**	**30**	**6**
税金	**28**	**12**	**2.4**
当期純利益	**42**	**18**	**3.6**
支払利息	1,000×8％＝0	500×8％＝40	800×8％＝64
税金	70×40％＝28	30×40％＝12	6×40％＝2.4
当期純利益	70−28＝42	30−12＝18	6−2.4＝3.6
ROA	70÷1,000＝**7％**	70÷1,000＝**7％**	70÷1,000＝**7％**
ROE	42÷1,000＝**4.2％**	18÷500＝**3.6％**	3.6÷200＝**1.8％**

コメント

計算結果をみてみると、同じ収益構造でも借金の残高が少ないほどROEが高くなっています。今度は借金をせずにROEを上げたほうがいいのでしょうか。やはり腑に落ちません。

計算問題3解答

	H社	I社	J社
売上高	2,000	2,000	2,000
売上原価・販管費	1,940	1,940	1,940
営業利益	**60**	**60**	**60**
受取利息・配当金	20	20	20
事業利益	**80**	**80**	**80**
支払利息	**0**	**40**	**64**
税引前当期純利益	**80**	**40**	**16**
税金	**32**	**16**	**6.4**
当期純利益	**48**	**24**	**9.6**
支払利息	1,000×8％＝0	500×8％＝40	800×8％＝64
税金	80×40％＝32	40×40％＝16	16×40％＝6.4
当期純利益	80−32＝48	40−16＝24	16−6.4＝9.6
ROA	80÷1,000＝**8％**	80÷1,000＝**8％**	80÷1,000＝**8％**
ROE	48÷1,000＝**4.8％**	24÷500＝**4.8％**	9.6÷200＝**4.8％**

コメント

計算結果をみてみると、同じ収益構造で同じROEが計算されました。今度はすべての会社のROEが等しくなりました。いったいどのようなメカニズムなんでしょうか。

＜計算の説明＞
各計算問題でのROAと金利の関係は以下のようになります。

  計算問題1　　ROA　10％　　＞　　金利　8％
  計算問題2　　ROA　 7％　　＜　　金利　8％
  計算問題3　　ROA　 8％　　＝　　金利　8％

　ROAは経営者が債権者と株主から預かった資産全体で運用した利益率です。金利は債権者の要求利回りです。この関係を貸借対照表と照らし合わせながらみていきましょう。

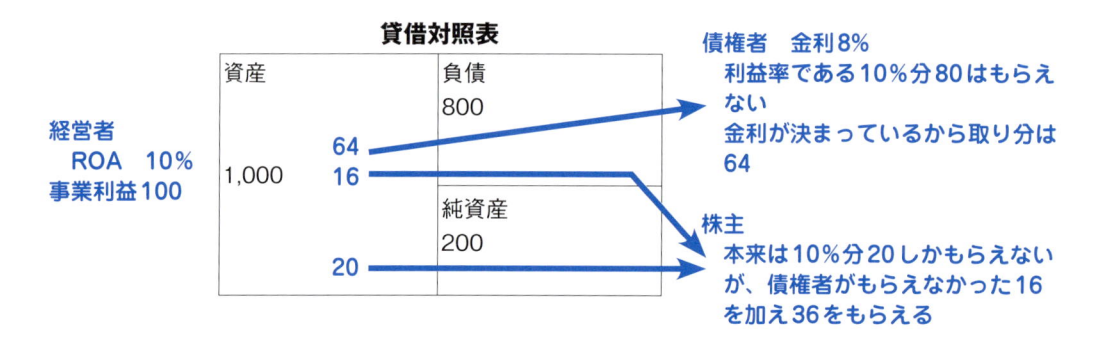

貸借対照表

資産		負債 800
1,000	64 16	
		純資産 200
	20	

経営者　ROA　10％　事業利益100

債権者　金利8％
利益率である10％分80はもらえない
金利が決まっているから取り分は64

株主
本来は10％分20しかもらえないが、債権者がもらえなかった16を加え36をもらえる

　計算問題1では、債権者は8％の金利を要求しますが、経営者は株主の出資分を含めて全体で10％の利益率を達成しました。J社でみたものが上図です。株主は8％分以上を受け取ることができるようすがわかります。ROAが金利を上回ると株主にとって借金はプラスに働きます。

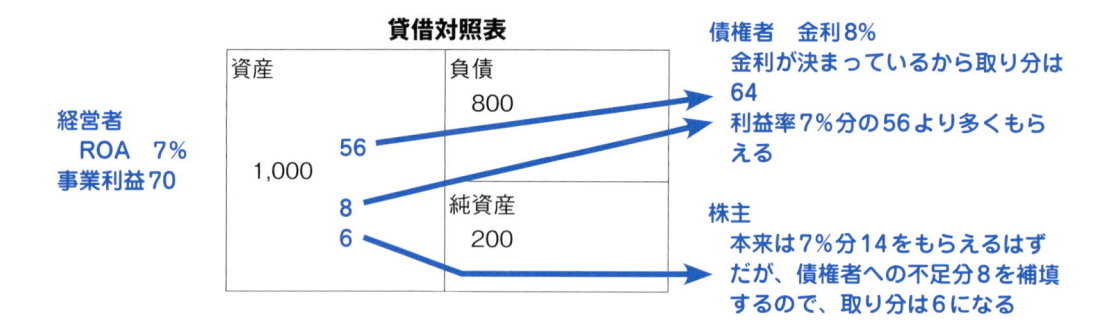

貸借対照表

資産		負債 800
1,000	56 8	
		純資産 200
	6	

経営者　ROA　7％　事業利益70

債権者　金利8％
金利が決まっているから取り分は64
利益率7％分の56より多くもらえる

株主
本来は7％分14をもらえるはずだが、債権者への不足分8を補填するので、取り分は6になる

　計算問題2では、債権者が8％の金利を要求しますが、経営者は株主の出資分を含めて全体で7％の利益率しか達成できませんでした。J社でみたものが上図です。ROAが金利を下回ると株主にとって借金はマイナスに働き、重荷になっているのがわかります。

　当たり前のことですが、金利より運用する利回りが高ければ借金はプラスに働き、運用利回りが金利を下回れば借金はマイナスに働きます。ROEを高めるには利益を稼ぎ出す経営者がしっかりと稼ぐ必要があるのですからROAを上げることが王道になります。

指標のまとめ

ROA　＞　金利　→　借金が株主にプラスに働く
ROA　＜　金利　→　借金が株主にマイナスに働く
ROA　＝　金利　→　借金が株主に対して影響しない
ROEの大小に借入金が影響することをROEのレバレッジ効果といいます。

第3章
つぶれない会社を探る安全性分析

概　　要

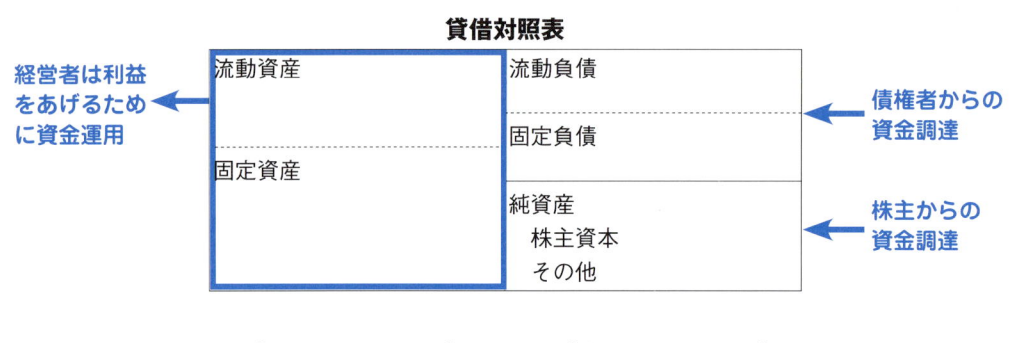

貸借対照表

資金運用サイド	資金調達サイド
流動資産	流動負債
	固定負債
固定資産	純資産 　株主資本 　その他

経営者は利益をあげるために資金運用 ←　　　→ 債権者からの資金調達

　　　　　　　　　　　　　　　　　　　　　→ 株主からの資金調達

【資金運用サイド】　　　【資金調達サイド】

　安全性分析は会社の短期的な支払能力をみる指標といわれ、金融機関が重要視してきました。債権者への債務支払能力を計ります。一方で、上の図のように別の見方もできます。会社の資金調達と資金運用のバランスです。会社は債権者と株主から資金調達をします。経営者はこれを元手に利益をあげるように資金運用をします。安全性分析は、この資金調達と資金運用の間の時間的なバランスがとれているかどうかをみることができます。

　例えば、経営者が資金調達をして工場を建設し、向こう10年間ある製品を製造して利益を稼ごうと考えたとします。ここで、資金調達が返済期限1年の短期借入金だったらどうでしょうか？　工場が稼働して製造に入った途端に返済期限がきてしまい、資金繰りに窮してしまうかもしれません。

　このように、会社は資金調達と資金運用の時間的なバランスがとれていないと倒産の可能性すらあります。安全性分析によって、「つぶれない会社」を見分けることができるのです。

分析指標

①流動比率

②固定長期適合率

③株主資本比率

④インタレストカバレッジレシオ

金融機関が重視する「支払能力」を計る
❶流動比率

公式

$$流動比率 = \frac{流動資産}{流動負債} \quad (\%)$$

（手書き：流動資産 ÷ 流動負債）

指標の判断

100%を超えることが最低条件。
高いほど短期的な支払能力が高く、200%が理想といわれている。

指標の解説

貸借対照表

流動資産	流動負債	←1年以内に支払い
（←1年以内に資金化）	固定負債	
固定資産	純資産	

　流動比率は、上の図のような組み合わせになります。分母は１年以内に支払いや返済しなければならない流動負債であり、分子は１年以内に資金化する流動資産です。１年以内に払わなければならない負債が、１年以内に資金化される資産を上回っていれば、当然、遠からず支払いに支障をきたす可能性が高いと判断せざるを得ません。このため、債権者である金融機関は、短期的な債務支払能力があるかどうかの判断基準として、この指標を使うことが多いのです。
　好況時には多くの会社が資金調達に不安がないため、この指標はさほど問題にはなりません。しかし、不況時にはがぜんクローズアップされることになります。

第３章　つぶれない会社を探る安全性分析

A社の決算書

連結貸借対照表（20XX年3月31日現在）（単位：百万円）

資産の部		負債の部	
流動資産		流動負債	
現金及び預金	221,110	支払手形及び買掛金	521,647
受取手形及び売掛金	402,996	短期借入金	155,456
棚卸資産	492,574	コマーシャルペーパー	150,000
その他	195,080	未払費用	180,295
流動資産計	1,311,760	その他	237,682
固定資産		流動負債計	1,245,080
（有形固定資産）	982,016	固定負債	
建物及び構築物	402,506	社債	250,000
機械装置及び運搬具	371,544	長期借入金	227,126
工具機器及び備品	63,261	その他	23,994
土地	101,250	固定負債計	501,120
建設仮勘定	32,750	負債合計	1,746,200
その他	10,705	純資産の部	
（無形固定資産）	87,234	資本金	205,000
ソフトウェア	52,750	資本剰余金	270,536
その他	34,484	利益剰余金	515,214
（投資その他の資産）	315,090	株主資本合計	990,750
投資有価証券	171,596	その他の包括利益累計額	－63,506
その他	143,494	少数株主持分	22,656
固定資産計	1,384,340	純資産合計	949,900
資産合計	2,696,100	負債・純資産合計	2,696,100

1年以内に資金化される資産 ← （流動資産を指す）

1年以内に支払わなければならない負債 ← （流動負債を指す）

連結損益計算書（単位：百万円）
（20XX年4月1日から20YY年3月31日）

売上高	3,082,637
売上原価	2,465,452
売上総利益	617,185
販売費及び一般管理費	531,820
給料及び手当	245,025
広告宣伝費	10,154
研究開発費	104,700
その他	171,941
営業利益	85,365
営業外収益	16,523
受取利息及び配当金	2,375
持ち分法による投資利益	10,684
その他	3,464
営業外費用	36,308
支払利息	8,050
その他	28,258
経常利益	65,580
特別利益	1,554
特別損失	23,015
税金等調整前当期純利益	44,119
法人税、住民税及び事業税	22,972
法人税等調整額	－6,424
少数株主利益	1,809
当期純利益	25,762

連結キャッシュフロー計算書（単位：百万円）
（20XX年4月1日から20YY年3月31日）

営業活動によるキャッシュフロー	
税金等調整前当期純利益	44,119
減価償却費	112,281
売上債権の増減額	28,762
棚卸資産の増減額	－63,599
仕入債務の増減額	－4,675
その他	43,121
営業活動によるキャッシュフロー	160,009
投資活動によるキャッシュフロー	
有形固定資産の取得による支出	－175,724
無形固定資産の取得による支出	－3,120
その他	－47,295
投資活動によるキャッシュフロー	－226,139
財務活動によるキャッシュフロー	
短期借入金の純増減額	34,775
長期借入れによる収入	90,665
長期借入金の返済による支出	－47,051
社債の発行による収入	5,000
配当金の支払額	－10,525
その他	－83,309
財務活動によるキャッシュフロー	－10,445
現金増減額	－76,575
期首現金残高	297,685
期末現金残高	221,110

Q 基本計算 A社の流動比率を求めましょう。

$$流動比率 = \frac{流動資産\ \boxed{}}{流動負債\ \boxed{}} \times 100 = \boxed{}\ (\%)$$

Q 時系列比較にチャレンジ

当期の流動比率を記入し、（　）内の選択肢を選んでください。

過年度財務指標

5期前	4期前	3期前	2期前	当期
120.6%	114.8%	109.4%	115.8%	％

　ここ数年、流動比率はじりじりと低下傾向にあることがわかります。流動比率の低下が、（流動資産・固定資産）の減少によるものか、流動負債の増加によるものかを調べ、どの項目が原因となったのか調べる必要があります。

　流動負債の増加が短期借入金による場合、（返済額の少なさ・支払利息の低下）を狙って、あえて長期借入金ではなく、短期借入金として資金調達している場合があります。この場合は返済するメドが立っている可能性が高く、流動比率が低くても問題にはなりません。A社の資金調達のポリシーがどうなっているかをみていく必要があります。

Q 同業他社比較にチャレンジ

A社の流動比率を記入し、（　）内の選択肢を選んでください。

同業他社財務指標

A社	B社	C社	D社
％	150.0%	100.3%	96.4%

　A社の流動比率は、B社と比べると低いものの、C社、D社と比較すると高くなります。A社としても、意図して流動比率を低くしたのでなければ、（長期支払能力・短期支払能力）に問題が生じる可能性があるので、早期に対策を講じなければなりません。D社は流動比率の目安となる（120%・100%）を下回っており、早期の財務的な改善策をとる必要に迫られています。業界全体として低下傾向にあるため、金融機関が厳しい目を向けてくることが考えられます。

主要企業の流動比率の目安

百貨店	コンビニ	ドラッグ	電機メーカー	自動車	製薬
58.0%	75.3%	117.7%	122.6%	131.4%	363.3%

第3章　つぶれない会社を探る安全性分析

> **基本計算の解答**

$$流動比率 = \frac{流動資産\ 1,311,760}{流動負債\ 1,245,080} \times 100 = 105.4（\%）$$

> **時系列比較問題　解答解説**

（解答は順に、流動資産、支払利息の低下）

　流動比率の低下は、分子の流動資産の減少か、分母の流動負債の増加によるものが原因です。流動資産の減少としては、手元の現金や在庫の減少といった理由があります。返済するメドが立っている場合、長期借入金の返済を優先させ、短期借入金を増加させる場合があります。これは、短期借入金のメリットである金利の低さを求めることによって、全体的な支払利息を低下させようとするためです。長期借入金は一般的に返済期限が長くなるため、短期借入金に比べて金利が高くなります。そのかわり時間的な猶予がもらえるわけです。このように、資金調達のポリシーは重要になってきます。

> **同業他社比較問題　解答解説**

（解答は順に、短期支払能力、100％）

　上で述べたように、A社が短期借入金を増加させるために、意図的に流動比率を低くしたのであれば問題はありません。しかし、ただ流動比率が低くなっただけであれば、短期支払能力に問題が生じる可能性があります。D社は目安となる100％を下回っており、早期の改善が求められます。業界全体が構造的な問題を抱えている場合、金融機関は追加融資に慎重になります。「金の切れ目が縁の切れ目」になりかねないのです。

コラム●流動比率が低い会社はすべて悪い会社か？

　流動比率は100％以上が望ましいといわれていますが、100％以下でも優良企業はあります。このような企業は、固定資産が直接キャッシュを生む構造になっています。設備を稼働させてキャッシュを得る鉄道会社、電話会社などは在庫をもっていません。さらに保有している固定資産が、電車賃、電話代としてキャッシュを生みます。そのため、流動比率が低くても資金繰りに窮することはないのです。ただし、こうした構造の会社でも、例えば顧客の支払いに難があり、キャッシュの回収が難しいような場合は、やはり流動比率の低さが問題になります。鉄道会社の場合は運賃先払いですから、回収に問題はないのです。

長期的な投資と支払いのバランスをチェック
❷固定長期適合率

公式

$$固定長期適合率 = \frac{固定資産}{固定負債 + 株主資本} \quad (\%)$$

指標の判断

100％以下が望ましいといわれている。
低いほど、固定資産投資に対する安定性が高いといわれる。

指標の解説

貸借対照表

流動資産	流動負債
	固定負債 ← 1年を超えて支払わなければならない負債
固定資産 ← 1年以上保有・使用される資産	純資産／株主資本 ← 返済義務のない資金
	その他

　固定長期適合率は、上の図のような組み合わせになります。分母は1年を超えて支払いをする固定負債と、返済義務のない株主資本の合計です。つまり、すぐに支払いが必要となるものではなく、長期的に使用することができる資金のことです。分子は長期間保有する予定の固定資産です。これらは長期間にわたって保有・使用して経営活動に役立てていきますので、短期的に返済が不要な資金でまかなわれなければなりません。

　固定資産に投資をするためには多額の資金が必要になりますが、キャッシュ化されるまでには長い時間がかかります。固定長期適合率が高い場合には、調達と返済のバランスが崩れているとみられるのです。

第3章　つぶれない会社を探る安全性分析

A社の決算書

連結貸借対照表（20XX年3月31日現在）（単位：百万円）

資産の部		負債の部	
流動資産		流動負債	
現金及び預金	221,110	支払手形及び買掛金	521,647
受取手形及び売掛金	402,996	短期借入金	155,456
棚卸資産	492,574	コマーシャルペーパー	150,000
その他	195,080	未払費用	180,295
流動資産計	1,311,760	その他	237,682
固定資産		流動負債計	1,245,080
（有形固定資産）	982,016	固定負債	
建物及び構築物	402,506	社債	250,000
機械装置及び運搬具	371,544	長期借入金	227,126
工具機器及び備品	63,261	その他	23,994
土地	101,250	固定負債計	501,120
建設仮勘定	32,750	負債合計	1,746,200
その他	10,705	純資産の部	
（無形固定資産）	87,234	資本金	205,000
ソフトウェア	52,750	資本剰余金	270,536
その他	34,484	利益剰余金	515,214
（投資その他の資産）	315,090	株主資本合計	990,750
投資有価証券	171,596	その他の包括利益累計額	－63,506
その他	143,494	少数株主持分	22,656
固定資産計	1,384,340	純資産合計	949,900
資産合計	2,696,100	負債・純資産合計	2,696,100

注記：
- 1年を超えて支払わなければならない負債
- 1年以上保有・使用される資産
- 返済義務のない資金

連結損益計算書（単位：百万円）
（20XX年4月1日から20YY年3月31日）

売上高	3,082,637
売上原価	2,465,452
売上総利益	617,185
販売費及び一般管理費	531,820
給料及び手当	245,025
広告宣伝費	10,154
研究開発費	104,700
その他	171,941
営業利益	85,365
営業外収益	16,523
受取利息及び配当金	2,375
持ち分法による投資利益	10,684
その他	3,464
営業外費用	36,308
支払利息	8,050
その他	28,258
経常利益	65,580
特別利益	1,554
特別損失	23,015
税金等調整前当期純利益	44,119
法人税、住民税及び事業税	22,972
法人税等調整額	－6,424
少数株主利益	1,809
当期純利益	25,762

連結キャッシュフロー計算書（単位：百万円）
（20XX年4月1日から20YY年3月31日）

営業活動によるキャッシュフロー	
税金等調整前当期純利益	44,119
減価償却費	112,281
売上債権の増減額	28,762
棚卸資産の増減額	－63,599
仕入債務の増減額	－4,675
その他	43,121
営業活動によるキャッシュフロー	160,009
投資活動によるキャッシュフロー	
有形固定資産の取得による支出	－175,724
無形固定資産の取得による支出	－3,120
その他	－47,295
投資活動によるキャッシュフロー	－226,139
財務活動によるキャッシュフロー	
短期借入金の純増減額	34,775
長期借入れによる収入	90,665
長期借入金の返済による支出	－47,051
社債の発行による収入	5,000
配当金の支払額	－10,525
その他	－83,309
財務活動によるキャッシュフロー	－10,445
現金増減額	－76,575
期首現金残高	297,685
期末現金残高	221,110

Q 基本計算　A社の固定長期適合率を求めましょう。

$$固定長期適合率 = \frac{固定資産\ \boxed{}}{固定負債\ \boxed{} + 株主資本\ \boxed{}} \times 100 = \boxed{}\ (\%)$$

Q 時系列比較にチャレンジ

当期の固定長期適合率を記入し、（　）内の選択肢を選んでください。

過年度財務指標

5期前	4期前	3期前	2期前	当期
81.8%	85.1%	87.8%	85.4%	％

　ここ数年、固定長期適合率は横ばいでしたが、当期になり悪化傾向が鮮明になっています。固定長期適合率は高いほど（悪くなる・良くなる）指標です。当期の悪化傾向は、（株主資本の減少・流動負債の増加）もしくは、固定負債の減少といった資金調達の問題か、（多額の固定資産投資・多額の固定資産売却）といった固定資産投資へのスタンスの問題かのどちらかと考えられます。

Q 同業他社比較にチャレンジ

A社の固定長期適合率を記入し、（　）内の選択肢を選んでください。

同業他社財務指標

A社	B社	C社	D社
％	70.5%	99.7%	103.3%

　A社の固定長期適合率は、B社と比べると悪いものの、C社、D社と比較すると良いようです。C社、D社は目安となる（100％以上・100％以下）に近い数値なので（固定資産投資・従業員の雇用）を十分に調査する必要があります。A社も悪化傾向にありますから、固定資産投資をする場合の資金調達について、十分に時間がとれる方法を考えていくべきです。

主要企業の固定長期適合率の目安

百貨店	コンビニ	ドラッグ	電機メーカー	自動車	製薬
120.8%	118.6%	90.0%	94.4%	87.4%	46.2%

> **基本計算の解答**
>
> $$\text{固定長期適合率} = \frac{\text{固定資産}\ 1{,}384{,}340}{\text{固定負債}\ 501{,}120 + \text{株主資本}\ 990{,}750} \times 100 = 92.8\ (\%)$$

> **時系列比較問題　解答解説**
>
> （解答は順に、悪くなる、株主資本の減少、多額の固定資産投資）
>
> 固定長期適合率は高くなるほど、固定資産への投資が固定負債や株主資本でまかなえていないことになり、固定資産投資と資金の返済のバランスが崩れている可能性があります。そのため、高くなると悪化していることを示します。固定長期適合率が高くなるということは、分母である株主資本、固定負債の減少が考えられます。流動負債が増加しても、株主資本、固定負債が増加すれば直接的な影響はありません。一方、分子である固定資産に多額の投資が行われる際、株主資本、固定負債をうまく使った資金調達ができなければ、固定長期適合率は悪化してしまうのです。

> **同業他社比較問題　解答解説**
>
> （解答は順に、100％以下、固定資産投資）
>
> 固定長期適合率は、100％以下が望ましい数値になります。C社やD社がまず考えることは固定資産投資へのスタンスです。固定資産への投資がしっかりとした事業計画のもとに判断され、投資した後も経過を管理しているかどうか、十分に調査する必要があります。従業員の雇用は貸借対照表には出てきませんので、固定長期適合率には関係ありません。

コラム●固定比率とは何か？

固定長期適合率と似た比率に固定比率があります。固定比率は、分子は固定資産、分母は純資産だけで構成されています。両者の目的はまったく同じなのですが、計算の前提の厳しさが違います。固定比率には固定負債が含まれません。つまり、返済が不要な資金だけで固定資産への投資が行われているかどうかを問われますから、固定長期適合率と比べると格段に厳しくなってきます。固定資産への投資は「設備融資」と呼ばれ、負債によって行われる方が多いのが実態です。そのあたりを考えると、固定長期適合率の方が実態に即していると考えられます。

返済不要な資金はどれくらいか
❸株主資本比率

> **公式**
>
> $$株主資本比率 = \frac{株主資本}{総資本（＝負債＋純資産）} \,(\%)$$

指標の判断

理想は60％程度で、40％以上が望ましいといわれている。
高いほど財務的な安定性が高い。　→ ただし一概に高い方が良いとも言えない

指標の解説

貸借対照表

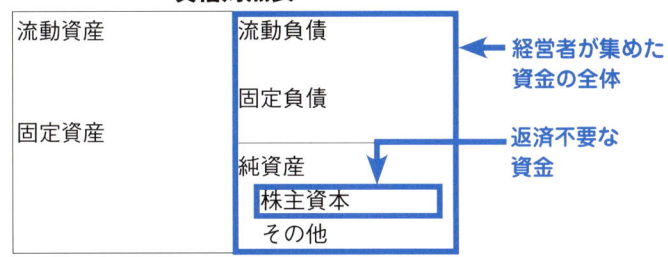

流動資産	流動負債	
	固定負債	← 経営者が集めた資金の全体
固定資産	純資産	
	株主資本	← 返済不要な資金
	その他	

　株主資本比率は、上の図のような組み合わせになります。「自己資本比率」という言葉の方がなじみ深いかもしれませんが、比率の目的は両者とも同じです。最近では、株主資本比率が主流になっています。

　総資本は、負債と純資産の合計と同じであり、負債と純資産は会社が集めてきた資金のすべてです。この資金のうち、株主の資金である株主資本を分子におきます。株主資本は株主への返済の義務はありません。

　つまり株主資本比率は、会社が調達した資金全体のうち、返済不要な部分がどのくらいあるのかをみる指標です。返済不要な資金が会社内にあれば、それだけ経営者の自由度が増し、本業に集中できるわけです。

A社の決算書

等しい（総資産＝総資本＝負債＋純資産）

連結貸借対照表 （20XX年3月31日現在）（単位：百万円）

資産の部		負債の部	
流動資産		流動負債	
現金及び預金	221,110	支払手形及び買掛金	521,647
受取手形及び売掛金	402,996	短期借入金	155,456
棚卸資産	492,574	コマーシャルペーパー	150,000
その他	195,080	未払費用	180,295
流動資産計	1,311,760	その他	237,682
固定資産		流動負債計	1,245,080
（有形固定資産）	982,016	固定負債	
建物及び構築物	402,506	社債	250,000
機械装置及び運搬具	371,544	長期借入金	227,126
工具機器及び備品	63,261	その他	23,994
土地	101,250	固定負債計	501,120
建設仮勘定	32,750	負債合計	1,746,200
その他	10,705	純資産の部	
（無形固定資産）	87,234	資本金	205,000
ソフトウェア	52,750	資本剰余金	270,536
その他	34,484	利益剰余金	515,214
（投資その他の資産）	315,090	株主資本合計	990,750
投資有価証券	171,596	その他の包括利益累計額	-63,506
その他	143,494	少数株主持分	22,656
固定資産計	1,384,340	純資産合計	949,900
資産合計	2,696,100	負債・純資産合計	2,696,100

返済不要な資金

資金調達の全体

連結損益計算書 （単位：百万円）
（20XX年4月1日から20YY年3月31日）

売上高	3,082,637
売上原価	2,465,452
売上総利益	617,185
販売費及び一般管理費	531,820
給料及び手当	245,025
広告宣伝費	10,154
研究開発費	104,700
その他	171,941
営業利益	85,365
営業外収益	16,523
受取利息及び配当金	2,375
持ち分法による投資利益	10,684
その他	3,464
営業外費用	36,308
支払利息	8,050
その他	28,258
経常利益	65,580
特別利益	1,554
特別損失	23,015
税金等調整前当期純利益	44,119
法人税、住民税及び事業税	22,972
法人税等調整額	-6,424
少数株主利益	1,809
当期純利益	25,762

連結キャッシュフロー計算書 （単位：百万円）
（20XX年4月1日から20YY年3月31日）

営業活動によるキャッシュフロー	
税金等調整前当期純利益	44,119
減価償却費	112,281
売上債権の増減額	28,762
棚卸資産の増減額	-63,599
仕入債務の増減額	-4,675
その他	43,121
営業活動によるキャッシュフロー	160,009
投資活動によるキャッシュフロー	
有形固定資産の取得による支出	-175,724
無形固定資産の取得による支出	-3,120
その他	-47,295
投資活動によるキャッシュフロー	-226,139
財務活動によるキャッシュフロー	
短期借入金の純増減額	34,775
長期借入れによる収入	90,665
長期借入金の返済による支出	-47,051
社債の発行による収入	5,000
配当金の支払額	-10,525
その他	-83,309
財務活動によるキャッシュフロー	-10,445
現金増減額	-76,575
期首現金残高	297,685
期末現金残高	221,110

Q 基本計算　A社の株主資本比率を求めましょう。

$$株主資本比率 = \frac{株主資本\ \boxed{}}{総資本\ \boxed{}} \times 100 = \boxed{}\ (\%)$$

Q 時系列比較にチャレンジ

当期の株主資本比率を記入し、（　）内の選択肢を選んでください。

過年度財務指標

5期前	4期前	3期前	2期前	当期
39.9%	41.5%	41.8%	39.1%	％

　2期前までは株主資本比率はほぼ横ばいで、目安となる40％前後を保っていました。株主資本比率が横ばいということは、会社の資金調達を（貸付金・借入金）に頼らず、（株主・債権者）からの出資か、利益剰余金として稼いだ利益によってまかなっていたと考えられます。当期に株主資本比率が低下したのは、負債の増加か、（株主資本の増加・株主資本の減少）によるものと考えられます。今後、さらに悪化していく状況になると、資金調達の選択肢が狭まり、会社経営にも消極的にならざるを得なくなります。

Q 同業他社比較にチャレンジ

A社の株主資本比率を記入し、（　）内の選択肢を選んでください。

同業他社財務指標

A社	B社	C社	D社
％	42.4%	18.2%	14.3%

　A社の株主資本比率は、B社とさほど変わらず、C社、D社と比較すると高くなります。
　業界内でこれだけの差が開くと、コスト的にも大きく変わってきます。株主資本比率が低いということは、（貸付金・借入金）が多いと考えられ、（支払利息・販売費）の負担が重くなります。重くなったコストの分だけ、業界内での競争力が落ちることになります。

主要企業の株主資本比率の目安

百貨店	コンビニ	ドラッグ	電機メーカー	自動車	製薬
34.1%	42.9%	50.3%	32.7%	38.5%	85.6%

> **基本計算の解答**

$$株主資本比率 = \frac{株主資本\ 990{,}750}{総資本\ 2{,}696{,}100} \times 100 = 36.7\ (\%)$$

> **時系列比較問題　解答解説**
>
> （解答は順に、借入金、株主、株主資本の減少）
>
> 　株主資本比率が横ばいということは、会社の資金調達を借入金に頼っていないということです。借入金による資金調達を積極的に行えば、分母だけが大きくなり、株主資本比率は低下します。貸付金は、「お金を貸す」ことですから、資産の項目です。
>
> 　借入金に頼らないということは、株主からの出資か、利益剰余金として稼いだ利益からまかなっていたことになります。当期に株主資本比率が低下したのは、負債の増加か、株主資本の減少によるものと考えられます。資金調達の選択肢が狭まると、金利の上昇で支払利息が増えたり、必要額が調達できないといった事態になることも想定されます。

> **同業他社比較問題　解答解説**
>
> （解答は順に、借入金、支払利息）
>
> 　C社やD社のように株主資本比率が低いということは、借入金が多いと考えられます。借入金が多くなれば、その分だけ支払利息も増えます。業界内での競争が激化したとき、値下げしたり、必要な販売費をかけたりしたくても、高い支払利息が足かせとなってできないこともあります。好況時にはあまり目立ちませんが、不況時には影響が大きく出るのです。

コラム●株主資本比率が高い会社はいい会社か？

　株主資本比率は高いほど「いい会社」といわれていますが、本当でしょうか？　いい会社をどのように定義するかにもよりますが、一般的には儲けていること、借金が少ないこと、現金をたくさん持っていることなどが、いい会社の条件です。

　まず、株主資本比率は会社が集めた資金のうち、返済不要な資金がどれくらいかを表しているだけですから、儲けているかどうかは判断できません。一方で、借金が少ないこととは一定の関係がありそうです。借金が多いと負債が大きくなり、株主資本比率が低下するからです。このように、「いい会社」を見分けるためには、条件をきちんと定めてから判断する必要があるのです。

借金は多いか少ないか
❹インタレストカバレッジレシオ（ICR）

公式

$$ICR = \frac{営業利益＋受取利息・配当金＋持ち分法による投資利益}{支払利息＋社債利息} （倍）$$

（手書きメモ：→事業利益／→利息／借金の大きさがわかる／R/L）

指標の判断

1倍以下の場合は、経営者の儲けで支払利息がまかなえていない危険な状態。

1倍から3倍は「危険水域」、3倍から5倍は「警戒水域」、5倍から7倍は「注意水域」。

7倍以上であれば問題はなく、指標としての大きな意味は薄くなります。

指標の解説

貸借対照表

流動資産		負債	
現金	20	借入金	98
棚卸資産	20		
固定資産		純資産	
建物	20	資本金	2
投資有価証券	20		
貸付金	20		

- 本業で得られた営業利益
- 投資活動で得られた受取利息・配当金、持分法による投資利益
- 借入金のコストである支払利息

　分母は、借金による資金調達でかかってくる費用である、支払利息と社債利息がきます。分子には事業利益（P29参照）といわれる利益がきます。

　事業利益は経営者が投資家から預かった資金である総資産全体を使って稼ぎ出した利益です。一方、借金による資金調達は、企業活動がうまくいっている、いっていないにかかわらず、決まった期日に支払利息を支払わなければなりませんし、元本も返済する必要があります。儲けた利益から利息の支払いと元本返済ができなければ、借金は企業にとって重荷になります。企業活動にとって、借金が多いか少ないかは多くの人が関心をもつところかと思いますが、稼ぎ出す利益と、調達にかかわる支払利息とを比較すれば、そのバランスがみえてくるのです。

第3章　つぶれない会社を探る安全性分析

A社の決算書

連結貸借対照表（20XX年3月31日現在）（単位：百万円）

資産の部		負債の部	
流動資産		流動負債	
現金及び預金	221,110	支払手形及び買掛金	521,647
受取手形及び売掛金	402,996	短期借入金	155,456
棚卸資産	492,574	コマーシャルペーパー	150,000
その他	195,080	未払費用	180,295
流動資産計	1,311,760	その他	237,682
固定資産		流動負債計	1,245,080
（有形固定資産）	982,016	固定負債	
建物及び構築物	402,506	社債	250,000
機械装置及び運搬具	371,544	長期借入金	227,126
工具機器及び備品	63,261	その他	23,994
土地	101,250	固定負債計	501,120
建設仮勘定	32,750	負債合計	1,746,200
その他	10,705	純資産の部	
（無形固定資産）	87,234	資本金	205,000
ソフトウェア	52,750	資本剰余金	270,536
その他	34,484	利益剰余金	515,214
（投資その他の資産）	315,090	株主資本合計	990,750
投資有価証券	171,596	その他の包括利益累計額	-63,506
その他	143,494	少数株主持分	22,656
固定資産計	1,384,340	純資産合計	949,900
資産合計	2,696,100	負債・純資産合計	2,696,100

連結損益計算書（単位：百万円）
（20XX年4月1日から20YY年3月31日）

売上高	3,082,637
売上原価	2,465,452
売上総利益	617,185
販売費及び一般管理費	531,820
給料及び手当	245,025
広告宣伝費	10,154
研究開発費	104,700
その他	171,941
営業利益	85,365
営業外収益	16,523
受取利息及び配当金	2,375
持ち分法による投資利益	10,684
その他	3,464
営業外費用	36,308
支払利息	8,050
その他	28,258
経常利益	65,580
特別利益	1,554
特別損失	23,015
税金等調整前当期純利益	44,119
法人税、住民税及び事業税	22,972
法人税等調整額	-6,424
少数株主利益	1,809
当期純利益	25,762

本業プラス投資活動であげた利益 → 営業利益・営業外収益
借入金のコスト → 支払利息

連結キャッシュフロー計算書（単位：百万円）
（20XX年4月1日から20YY年3月31日）

営業活動によるキャッシュフロー	
税金等調整前当期純利益	44,119
減価償却費	112,281
売上債権の増減額	28,762
棚卸資産の増減額	-63,599
仕入債務の増減額	-4,675
その他	43,121
営業活動によるキャッシュフロー	160,009
投資活動によるキャッシュフロー	
有形固定資産の取得による支出	-175,724
無形固定資産の取得による支出	-3,120
その他	-47,295
投資活動によるキャッシュフロー	-226,139
財務活動によるキャッシュフロー	
短期借入金の純増減額	34,775
長期借入れによる収入	90,665
長期借入金の返済による支出	-47,051
社債の発行による収入	5,000
配当金の支払額	-10,525
その他	-83,309
財務活動によるキャッシュフロー	-10,445
現金増減額	-76,575
期首現金残高	297,685
期末現金残高	221,110

Q 基本計算 A社のICRを求めましょう。

$$ICR = \frac{\text{営業利益} + \text{受取利息・配当金} + \text{持ち分法による投資利益}}{\text{支払利息}} = \boxed{} \text{(倍)}$$

Q 時系列比較にチャレンジ

当期のICRを記入し、（　）内の選択肢を選んでください。

過年度財務指標

5期前	4期前	3期前	2期前	当期
25.2倍	19.2倍	△5.5倍	7.1倍	倍

　3期前を除いてA社のICRは高い水準にあります。ICRが数期間にわたって高い水準にあるということは、（経営成績が悪い・財務状態が良い）と考えられます。ICRが一時的に悪化する場合は特に問題はありません。3期前に大きな赤字を出しましたが、原因は（事業利益の大幅な減少・借入金の大幅な増加）によるものと考えられます。それまでの間、ICRは高い水準なので資金的にも余裕があるとみられます。ただし、当期も目安とされる（12倍・7倍）を超えています。財務状態が比較的良いうちに、拡大投資に向かい攻めの経営をするか、人員削減をはじめとする規模縮小による守りの経営をするかを決断する必要があります。

Q 同業他社比較にチャレンジ

A社のICRを記入し、（　）内の選択肢を選んでください。

同業他社財務指標

A社	B社	C社	D社
倍	13.2倍	8.0倍	3.9倍

　A社のICRはB社とはほぼ変わらず、C社、D社と比較すると高い水準といえます。D社の水準は警戒水域である3倍から5倍の間に入っているので、かなり財務的に厳しくなりつつあると考えられます。D社の場合、ICRの落ち込みが一時的なものではない場合、（借入金の返済、新規借入れ）を優先させる必要があります。ICRが（3倍・1倍）を下回ると事業利益で支払利息をまかなうことができなくなります。警戒水域の状態のうちに早めに対策をとる必要があるでしょう。

主要企業のICRの目安

百貨店	コンビニ	ドラッグ	電機メーカー	自動車	製薬
9.8倍	57.5倍	89.8倍	11.7倍	70.0倍	279.9倍

> **基本計算の解答**

$$ICR = \frac{\underset{85,365}{営業利益} + \underset{2,375}{受取利息・配当金} + \underset{10,684}{持ち分法による投資利益}}{\underset{8,050}{支払利息}} = 12.2（倍）$$

> **時系列比較問題　解答解説**

（解答は順に、財務状態が良い、事業利益の大幅な減少、7倍）

　ICRが複数期間高い水準にあることは、借入金の返済に関して大きな問題を抱えていないことを示し、財務状態が良いことを表します。ICRが一時的に悪化する場合は、事業利益の大幅減少が考えられます。借入金の大幅な増加も原因として考えられそうですが、一般的には事業利益が大幅に減少し、資金が不足した結果として借入金を増加させるという流れになります。そうすると、借入金の大幅な増加による支払利息の増加は、3期前ではなく2期前や当期に影響が出てくるはずで、3期前の直接的な低下の原因にはなりません。なお、ICRの目安は7倍を超えることです。

> **同業他社比較問題　解答解説**

（解答は順に、借入金の返済、1倍）

　D社のICRの落ち込みが一時的なものではない場合は、借入金の返済を優先させ、財務状態の改善に努める必要があります。資産の売却や事業の選別など、財務状態が完全に悪化する前に対処をしておかなければなりません。もちろん、投資を行い、事業利益を増やすという考え方もありますが、いったん遊休資産の売却や事業の選別を行ったうえで、拡大投資に向かった方が、無駄なコストを省くことができます。ICRが1倍を下回ると、事業利益で支払利息をまかなうことができなくなります。警戒水域の状態のうちに、早めに対策をとるべきです。

> **コラム● 低金利は危険の裏返し**

　低金利になると、融資による支払利息が低くなるため、設備投資の需要が盛り上がるというのが経済学の基本です。低金利が続くと実際にICRは上昇していきます。ところが、反転して金利が上昇すると、十分な事業利益がなければICRは一気に下落し、悪化してしまいます。今の日本経済は「失われた20年」といわれ、低金利に慣れてしまいました。金利が5％の市場だと倍になるのに時間がかかりますが、1％が2％になるのはあっという間です。借金が一気に重荷になりますから、低金利の間にしっかりと返済をしておくことが重要です。

第4章
商売のサイクルをチェックする回転期間分析

概　　要

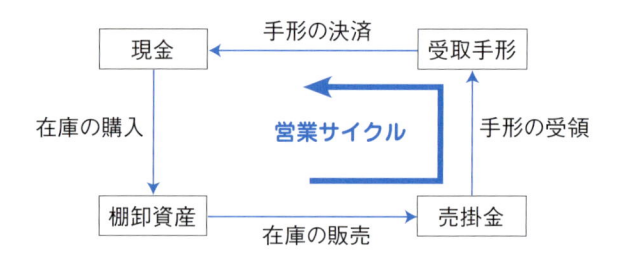

```
現金 ←──手形の決済── 受取手形
 │                        ↑
在庫の購入    営業サイクル   手形の受領
 ↓                        │
棚卸資産 ──在庫の販売──→ 売掛金
```

　上図のように、会社が営業を行う際、現金、棚卸資産、売掛金、受取手形、現金という順番で、資産はその姿を変えていきます。この一連の「営業サイクル」の期間をみて、会社の営業の状態をチェックする分析手法が回転期間分析です。

　棚卸資産を仕入れてから販売するまでの期間が長くなれば、棚卸資産の売れ行きが悪くなっており、不良在庫が発生している可能性があります。棚卸資産を販売してから現金を回収するまでの期間が長くなれば、不良債権が発生している可能性があります。いずれも会社にとって大きな問題になります。不良債権や不良在庫の発生により、投下された現金の流れが悪くなれば、会社の資金繰りに影響を与える可能性が高いのです。

　このように、回転期間分析は、会社の営業サイクル上の変化を追うことによって、経営悪化のシグナルを早期に発してくれる指標なのです。

分析指標

① 棚卸資産回転期間

② 売上債権回転期間

③ 仕入債務回転期間

仕入れから販売までどのくらいかかるか
❶棚卸資産回転期間

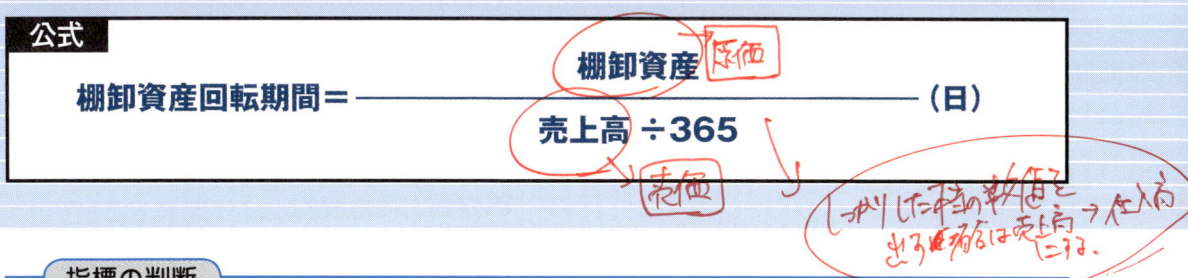

公式

$$棚卸資産回転期間 = \frac{棚卸資産}{売上高 \div 365} （日）$$

（手書き注記：棚卸資産に「原価」、売上高に「売価」、「ぴったりした中の数値を…売価→仕入高にする」）

指標の判断

業種によってかなりばらつきがあるが、短いほど有利といわれる。
同業他社、過年度と比較して長ければ、あまり良くない兆しである。

指標の解説

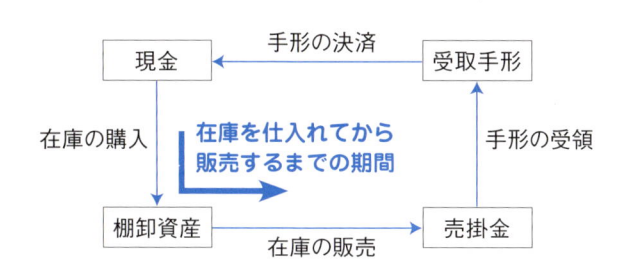

```
        手形の決済
  現金 ←――――――― 受取手形
   │                    ↑
在庫の購入  在庫を仕入れてから  手形の受領
   ↓      販売するまでの期間    │
  棚卸資産 ―――――――→ 売掛金
         在庫の販売
```

　棚卸資産回転期間は、会社が商品を仕入れてから販売するまでにどのくらいの日数がかかったのかを示す指標です（メーカーの場合は、製造してから販売するまでの日数になります）。上図のように、企業は、販売して利益をあげるために在庫を仕入れます。販売するまでの期間が長ければ、投下した現金は在庫として眠ったままになってしまいます。当然利益はあがりませんし、元手として投資した現金も返ってきません。資金繰りに余裕のない会社であれば、死活問題になってしまいます。逆に、販売するまでの期間が短すぎれば、会社内に在庫がなくなってしまいます。在庫がなければ、会社は営業できなくなり、やはり利益をあげることができません。長すぎても短すぎても問題となるのです。

　ただし、往々にして問題となるのは、長くなった場合です。販売が不調となり、会社内に在庫がたまっていく状態です。好調な会社でも、在庫が売れなくなることからほころびが出てきます。棚卸資産回転期間は、会社の営業活動の悪化が初期の段階でわかるため、金融機関も非常に重要視しています。棚卸資産回転率も同じ目的の指標です。

第4章　商売のサイクルをチェックする回転期間分析

A社の決算書

連結貸借対照表（20XX年3月31日現在）（単位：百万円）

資産の部		負債の部	
流動資産		流動負債	
現金及び預金	221,110	支払手形及び買掛金	521,647
受取手形及び売掛金	402,996	短期借入金	155,456
棚卸資産	492,574	コマーシャルペーパー	150,000
その他	195,080	未払費用	180,295
流動資産計	1,311,760	その他	237,682
固定資産		流動負債計	1,245,080
（有形固定資産）	982,016	固定負債	
建物及び構築物	402,506	社債	250,000
機械装置及び運搬具	371,544	長期借入金	227,126
工具機器及び備品	63,261	その他	23,994
土地	101,250	固定負債計	501,120
建設仮勘定	32,750	負債合計	1,746,200
その他	10,705	純資産の部	
（無形固定資産）	87,234	資本金	205,000
ソフトウェア	52,750	資本剰余金	270,536
その他	34,484	利益剰余金	515,214
（投資その他の資産）	315,090	株主資本合計	990,750
投資有価証券	171,596	その他の包括利益累計額	－63,506
その他	143,494	少数株主持分	22,656
固定資産計	1,384,340	純資産合計	949,900
資産合計	2,696,100	負債・純資産合計	2,696,100

会社が保有する在庫 ← 棚卸資産

連結損益計算書（単位：百万円）
（20XX年4月1日から20YY年3月31日）

売上高	3,082,637
売上原価	2,465,452
売上総利益	617,185
販売費及び一般管理費	531,820
給料及び手当	245,025
広告宣伝費	10,154
研究開発費	104,700
その他	171,941
営業利益	85,365
営業外収益	16,523
受取利息及び配当金	2,375
持ち分法による投資利益	10,684
その他	3,464
営業外費用	36,308
支払利息	8,050
その他	28,258
経常利益	65,580
特別利益	1,554
特別損失	23,015
税金等調整前当期純利益	44,119
法人税、住民税及び事業税	22,972
法人税等調整額	－6,424
少数株主利益	1,809
当期純利益	25,762

会社の1期間の売上 ← 売上高

連結キャッシュフロー計算書（単位：百万円）
（20XX年4月1日から20YY年3月31日）

営業活動によるキャッシュフロー	
税金等調整前当期純利益	44,119
減価償却費	112,281
売上債権の増減額	28,762
棚卸資産の増減額	－63,599
仕入債務の増減額	－4,675
その他	43,121
営業活動によるキャッシュフロー	160,009
投資活動によるキャッシュフロー	
有形固定資産の取得による支出	－175,724
無形固定資産の取得による支出	－3,120
その他	－47,295
投資活動によるキャッシュフロー	－226,139
財務活動によるキャッシュフロー	
短期借入金の純増減額	34,775
長期借入れによる収入	90,665
長期借入金の返済による支出	－47,051
社債の発行による収入	5,000
配当金の支払額	－10,525
その他	－83,309
財務活動によるキャッシュフロー	－10,445
現金増減額	－76,575
期首現金残高	297,685
期末現金残高	221,110

Q 基本計算　A社の棚卸資産回転期間を求めましょう。

$$棚卸資産回転期間 = \frac{棚卸資産\ \boxed{}}{売上高\ \boxed{} \div 365} = \boxed{}(日)$$

Q 時系列比較にチャレンジ

当期の棚卸資産回転期間を記入し、（　）内の選択肢を選んでください。

過年度財務指標

5期前	4期前	3期前	2期前	当期
50.84日	48.52日	51.28日	54.47日	日

　過年度に比べて棚卸資産回転期間が悪化してきています。つまり、以前よりも在庫を（少なく・多く）もっていることになります。必要以上に在庫をもっていると、在庫が2つの意味で不良化している可能性があります。（品質の劣化・紛失による数量不足）と機能的な劣化である陳腐化です。陳腐化とは、使用価値自体には問題ないものの、流行遅れで販売することが難しくなった場合です。どちらの不良化も会社に（手許現金の減少・キャッシュフローの悪化）をもたらします。

Q 同業他社比較にチャレンジ

A社の棚卸資産回転期間を記入し、（　）内の選択肢を選んでください。

同業他社財務指標

A社	B社	C社	D社
日	76.96日	59.20日	68.67日

　A社の棚卸資産回転期間は、業界の中では一番短くなっています。同業他社と比べて棚卸資産回転期間が短いということは、他社と比べて在庫の管理がうまくいっており、（不良債権・不良在庫）の発生が少ないということです。B社、D社はA社と比べると在庫を多く抱えていると考えられます。在庫を多く抱えると、（管理コスト・地方消費税）の発生や作業の妨げになり、会社に悪影響を与える可能性があります。一方で、商品の種類を他社よりも多くもつことによって、営業活動の優位性を保っているケースもあります。

主要企業の棚卸資産回転期間の目安

百貨店	コンビニ	ドラッグ	電機メーカー	自動車	製薬
17.08日	5.80日	50.39日	37.64日	36.75日	35.26日

（手書きメモ：本来12〜14日　(FCの売上が加味されていないため)）

基本計算の解答

$$\text{棚卸資産回転期間} = \frac{\text{棚卸資産}\ 492{,}574}{\text{売上高}\ 3{,}082{,}637 \div 365} = 58.32\ (\text{日})$$

時系列比較問題　解答解説

（解答は順に、多く、品質の劣化、キャッシュフローの悪化）

　過年度に比べて棚卸資産回転期間が悪化するということは、分子の在庫が多くなったことがまず考えられます。在庫を減らしたが、分母の売上高の減少した結果、棚卸資産回転期間が悪化したケースは、売上に対しての在庫量は増えているわけですから、事実上不良在庫が増えたとみることができます。不良在庫は品質の劣化と陳腐化から生じます。紛失による数量不足は在庫ではなく実態がないのですから、不良在庫の問題というよりも在庫の管理の問題といえるでしょう。不良在庫は、すぐにキャッシュとして戻ってくることができなくなっているわけですから、キャッシュフローの悪化をもたらします。在庫が不良化しただけでは、手許の現金の減少には直接つながりません。

同業他社比較問題　解答解説

（解答は順に、不良在庫、管理コスト）

　同業他社と比べて棚卸資産回転期間が短いということは、他社と比べて在庫の管理がうまくいっており、不良在庫の発生が少ないと考えられます。不良債権は棚卸資産回転期間には関係ありません。在庫を多く抱えると、それを管理するためのコストが発生してきます。在庫の整理のための人件費、追加の倉庫費用などがこれにあたります。また、作業の妨げにもなります。在庫を多くもっていても、消費税は増えることはありません。

コラム●滞留在庫、不良在庫は営業活動悪化の初期シグナル

　長期間販売を見込むことができない滞留在庫や販売することができなくなった不良在庫が発生し始めると、棚卸資産回転期間は延びることになります。滞留在庫や不良在庫は、発生した当初は「資産」として計上されています。しかし、ほとんどの場合、値引き販売や廃棄をしなければならなくなります。この場合、在庫を購入するためにかかった元手の現金の回収もできなくなるうえ、損益計算書に損失を計上しなくてはならなくなります。そうなると、会社は新しい在庫をもつためにさらに現金を使う必要が生じてしまいます。この指標は、こうした悪化の兆候を初期の段階で知らせてくれるのです。

販売から現金回収までどのくらいかかるか
❷売上債権回転期間

公式

$$売上債権回転期間 = \frac{売上債権（売掛金＋受取手形）}{売上高 \div 365}（日）$$

(手書き: 現金商売は短い。)

指標の判断

業種によってかなりばらつきがあるが、短いほど資金的には有利といわれる。
同業他社、過年度と比較して長ければ、あまり良くない兆しである。

指標の解説

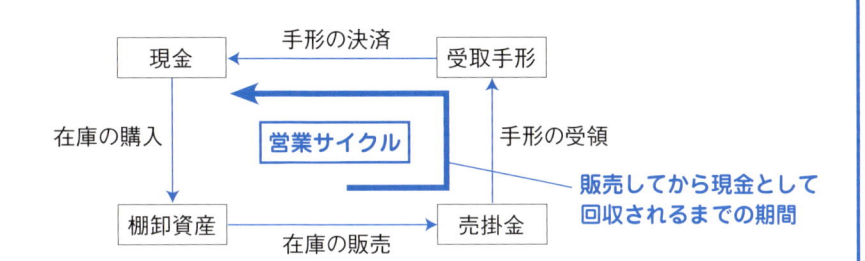

```
            手形の決済
   現金 ←──────────── 受取手形
    │                      ↑
在庫の購入  [営業サイクル]  手形の受領
    ↓                      │
  棚卸資産 ──────────→ 売掛金
            在庫の販売
```

販売してから現金として回収されるまでの期間

　売上債権回転期間は、会社が商品を販売してから現金として回収するまでにどのくらいの日数がかかったのかを示す指標です。現在の商慣行では、商品販売と同時に現金回収ということはまれです。通常は「月末締めの翌月末払い」という感じです。これは、販売先が1カ月間仕入れた商品（会社からみると販売した商品）をまとめて月末に総額を確定し、翌月末に支払うことをいいます。販売ごとに現金決済を行っていたら事務手続きが面倒になるからです。このため、商品の販売から現金回収まで一定期間のタイムラグが発生することになるのです。これが売上債権回転期間になります。

　期間が長くなってしまうと、営業を続けるためにさらに現金が必要になります。資金に余裕のない会社であれば、死活問題です。売上債権回転期間が長くなることは、会社の資金繰りの悪化につながるため、金融機関も非常に重要視しています。

　なお、売上債権回転率も同じ目的の指標です。

(手書き: 月末→翌月の会社だと基本40日ぐらい。)

第4章　商売のサイクルをチェックする回転期間分析

A社の決算書

連結貸借対照表 （20XX年3月31日現在）（単位：百万円）

資産の部		負債の部	
流動資産		流動負債	
現金及び預金	221,110	支払手形及び買掛金	521,647
受取手形及び売掛金	402,996	短期借入金	155,456
棚卸資産	492,574	コマーシャルペーパー	150,000
その他	195,080	未払費用	180,295
流動資産計	1,311,760	その他	237,682
固定資産		流動負債計	1,245,080
（有形固定資産）	982,016	固定負債	
建物及び構築物	402,506	社債	250,000
機械装置及び運搬具	371,544	長期借入金	227,126
工具機器及び備品	63,261	その他	23,994
土地	101,250	固定負債計	501,120
建設仮勘定	32,750	負債合計	1,746,200
その他	10,705	純資産の部	
（無形固定資産）	87,234	資本金	205,000
ソフトウェア	52,750	資本剰余金	270,536
その他	34,484	利益剰余金	515,214
（投資その他の資産）	315,090	株主資本合計	990,750
投資有価証券	171,596	その他の包括利益累計額	−63,506
その他	143,494	少数株主持分	22,656
固定資産計	1,384,340	純資産合計	949,900
資産合計	2,696,100	負債・純資産合計	2,696,100

（売上げたもののうち回収できていない債権 → 受取手形及び売掛金）

連結損益計算書（単位：百万円）
（20XX年4月1日から20YY年3月31日）

売上高	3,082,637
売上原価	2,465,452
売上総利益	617,185
販売費及び一般管理費	531,820
給料及び手当	245,025
広告宣伝費	10,154
研究開発費	104,700
その他	171,941
営業利益	85,365
営業外収益	16,523
受取利息及び配当金	2,375
持ち分法による投資利益	10,684
その他	3,464
営業外費用	36,308
支払利息	8,050
その他	28,258
経常利益	65,580
特別利益	1,554
特別損失	23,015
税金等調整前当期純利益	44,119
法人税、住民税及び事業税	22,972
法人税等調整額	−6,424
少数株主利益	1,809
当期純利益	25,762

（会社の1期間の売上 → 売上高）

連結キャッシュフロー計算書（単位：百万円）
（20XX年4月1日から20YY年3月31日）

営業活動によるキャッシュフロー	
税金等調整前当期純利益	44,119
減価償却費	112,281
売上債権の増減額	28,762
棚卸資産の増減額	−63,599
仕入債務の増減額	−4,675
その他	43,121
営業活動によるキャッシュフロー	160,009
投資活動によるキャッシュフロー	
有形固定資産の取得による支出	−175,724
無形固定資産の取得による支出	−3,120
その他	−47,295
投資活動によるキャッシュフロー	−226,139
財務活動によるキャッシュフロー	
短期借入金の純増減額	34,775
長期借入れによる収入	90,665
長期借入金の返済による支出	−47,051
社債の発行による収入	5,000
配当金の支払額	−10,525
その他	−83,309
財務活動によるキャッシュフロー	−10,445
現金増減額	−76,575
期首現金残高	297,685
期末現金残高	221,110

Q 基本計算　A社の売上債権回転期間を求めましょう。

$$売上債権回転期間 = \frac{受取手形及び売掛金 \quad \boxed{}}{売上高 \quad \boxed{} \div 365} = \boxed{} （日）$$

Q 時系列比較にチャレンジ

当期の売上債権回転期間を記入し、（　）内の選択肢を選んでください。

過年度財務指標

5期前	4期前	3期前	2期前	当期
61.62日	53.74日	44.32日	58.26日	日

売上債権回転期間は、4期前、5期前と比べるとかなり短くなっています。これはA社が販売先の（与信管理・資産管理）を行い、（売上債権の回収の遅延・滞留在庫の発生）がないかをきっちりと管理し、不良債権の発生を厳しくチェックした結果と考えられます。この管理体制が甘くなってくると、不良債権が発生し、会社の（設備投資・資金繰り）に影響を与える可能性が高くなってきます。

Q 同業他社比較にチャレンジ

A社の売上債権回転期間を記入し、（　）内の選択肢を選んでください。

同業他社財務指標

A社	B社	C社	D社
日	73.41日	37.89日	59.20日

A社は同業他社と比較すると、C社より長いものの売上債権回転期間は2番目に短くなっています。これは、A社に（未払債務・不良債権）がB社、D社に比べて少ないうえ、売上債権の（回収・支払）が比較的うまくいっていると考えられます。A社としては今後とも注意深く売上債権回転期間をみていき、不良債権や滞留債権の発生を極力抑える努力を行うべきです。

主要企業の売上債権回転期間の目安

百貨店	コンビニ	ドラッグ	電機メーカー	自動車	製薬
26.14日	0.00日	9.92日	45.39日	32.17日	75.60日

> **基本計算の解答**
>
> $$売上債権回転期間 = \frac{受取手形及び売掛金\ 402,996}{売上高\ 3,082,637 \div 365} = 47.72（日）$$

> **時系列比較問題　解答解説**
>
> （解答は順に、与信管理、売上債権の回収の遅延、資金繰り）
>
> 　売上債権回転期間が短くなってきているということは、A社が販売先の与信管理をしっかりとやっているということです。与信管理とは、販売先の決算書を分析、ヒアリングしたりして販売先の代金支払いの信用力をみることをいいます。資産管理は、資産を管理することですから、ここでは関係ありません。与信管理をしっかりと行うことによって、売上債権の回収の遅延を厳しくみることができます。滞留在庫の発生は自社の在庫の問題ですから、販売した売上債権とは関係がありません。不良債権が発生すると売上債権の回収ができなくなり、会社に資金が還流しなくなり、会社の資金繰りに影響を与えるのです。

> **同業他社比較問題　解答解説**
>
> （解答は順に、不良債権、回収）
>
> 　同業他社と比較して売上債権回転期間が短いということは、滞留債権や不良債権の発生がないかもしくは少ない状態であることが考えられます。未払債務は「自社側からみた未払い」ですから、このケースでは関係ありません。また、A社は売上債権の回収が比較的うまくいっていると考えられます。支払いは債務ですから、このケースでは関係ありません。

コラム●不良債権処理にお金を払う必要があるのか

　会社は、売掛金、受取手形や貸付金が現金回収できなくなれば、不良債権としてあつかう必要があります。多くの会社がさまざまな形で不良債権を抱えていますが、処理をためらう会社が多いのも事実です。しかし、不良債権を処理することにお金を払う必要があるのでしょうか？　答えはNOです。不良債権に対する現金はすでに支出済みで、回収ができていないだけなのです。では、なぜ処理をためらうのでしょうか。不良債権を処理すると、その分だけ損失が生じます。金額が大きくなると株主資本が大きく減少することになります。このため金融機関から厳しい目でみられ、次回から借り入れの条件が厳しくなる可能性があるのです。ただし、発生した不良債権は、いつかは処理しなければなりません。先送りするよりも、早期に処理を行った方がいいでしょう。

仕入れから支払いまでどのくらいかかるか
❸仕入債務回転期間

公式

$$仕入債務回転期間 = \frac{仕入債務（買掛金＋支払手形）}{売上高 \div 365} （日）$$

指標の判断

自社の支払いサイトであるから、変動のないことが望ましい。会社によってさまざまであるが、月末締め翌月末払いの支払いパターンが多く、45日前後が一般的といえる。

指標の解説

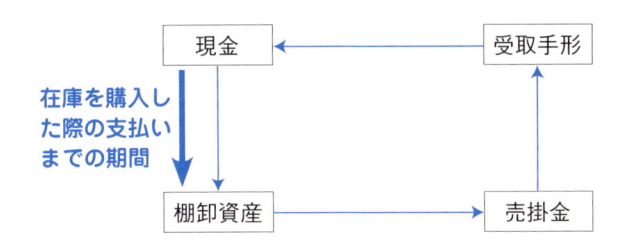

```
現金 ←――――――― 受取手形
 │                    ↑
 │在庫を購入し         │
 │た際の支払い         │
 │までの期間           │
 ↓                    │
棚卸資産 ―――――――→ 売掛金
```

　仕入債務回転期間は、会社が商品を仕入れてから支払いをするまでにどのくらいの日数がかかったのかを示す指標で、自社の支払いサイトのことをいいます。売上債権回転期間の項でも述べたように、実際の商品の仕入れと現金の支払いには、商慣行上タイムラグが生じます。実際にご自分の会社の支払いサイトを確認してみてください。

　仕入債務回転期間は長くなると現金の流出が遅くなるので、キャッシュフロー上は良い影響を与えます。しかし、実際の営業現場では嫌がられることが多く、支払いのサイトが長すぎることにより、競争力を失うケースも生じてきます。また、会社の資金繰りが悪化してくると、支払いサイトを延ばしてもらうことがあります。この場合は、取引先や金融機関に対して信用不安を与えることになり、かえって営業活動がしにくくなります。あまり変動せず、同業他社と比べても大きく変わらないことが望ましいでしょう。

　年度末が土休日だと、支払いを翌月の月初にすることがありますので、仕入債務回転期間は一時的に長くなることもあります。急に大きな変化があった場合は、曜日の確認をすることも必要でしょう。

A社の決算書

連結貸借対照表（20XX年3月31日現在）（単位：百万円）

資産の部		負債の部	
流動資産		流動負債	
現金及び預金	221,110	支払手形及び買掛金	521,647
受取手形及び売掛金	402,996	短期借入金	155,456
棚卸資産	492,574	コマーシャルペーパー	150,000
その他	195,080	未払費用	180,295
流動資産計	1,311,760	その他	237,682
固定資産		流動負債計	1,245,080
（有形固定資産）	982,016	固定負債	
建物及び構築物	402,506	社債	250,000
機械装置及び運搬具	371,544	長期借入金	227,126
工具機器及び備品	63,261	その他	23,994
土地	101,250	固定負債計	501,120
建設仮勘定	32,750	負債合計	1,746,200
その他	10,705	純資産の部	
（無形固定資産）	87,234	資本金	205,000
ソフトウェア	52,750	資本剰余金	270,536
その他	34,484	利益剰余金	515,214
（投資その他の資産）	315,090	株主資本合計	990,750
投資有価証券	171,596	その他の包括利益累計額	−63,506
その他	143,494	少数株主持分	22,656
固定資産計	1,384,340	純資産合計	949,900
資産合計	2,696,100	負債・純資産合計	2,696,100

←仕入代金のうち支払がすんでいない債務

連結損益計算書（単位：百万円）
（20XX年4月1日から20YY年3月31日）

売上高		3,082,637
売上原価		2,465,452
	売上総利益	617,185
販売費及び一般管理費		531,820
給料及び手当		245,025
広告宣伝費		10,154
研究開発費		104,700
その他		171,941
	営業利益	85,365
営業外収益		16,523
受取利息及び配当金		2,375
持ち分法による投資利益		10,684
その他		3,464
営業外費用		36,308
支払利息		8,050
その他		28,258
	経常利益	65,580
特別利益		1,554
特別損失		23,015
税金等調整前当期純利益		44,119
法人税、住民税及び事業税		22,972
法人税等調整額		−6,424
少数株主利益		1,809
	当期純利益	25,762

←会社の一期間の売上

連結キャッシュフロー計算書（単位：百万円）
（20XX年4月1日から20YY年3月31日）

営業活動によるキャッシュフロー	
税金等調整前当期純利益	44,119
減価償却費	112,281
売上債権の増減額	28,762
棚卸資産の増減額	−63,599
仕入債務の増減額	−4,675
その他	43,121
営業活動によるキャッシュフロー	160,009
投資活動によるキャッシュフロー	
有形固定資産の取得による支出	−175,724
無形固定資産の取得による支出	−3,120
その他	−47,295
投資活動によるキャッシュフロー	−226,139
財務活動によるキャッシュフロー	
短期借入金の純増減額	34,775
長期借入れによる収入	90,665
長期借入金の返済による支出	−47,051
社債の発行による収入	5,000
配当金の支払額	−10,525
その他	−83,309
財務活動によるキャッシュフロー	−10,445
現金増減額	−76,575
期首現金残高	297,685
期末現金残高	221,110

Q 基本計算　A社の仕入債務回転期間を求めましょう。

$$仕入債務回転期間 = \frac{支払手形及び買掛金　\boxed{}}{売上高　\boxed{}　÷　365} = \boxed{}（日）$$

Q 時系列比較にチャレンジ

当期の仕入債務回転期間を記入し、（　）内の選択肢を選んでください。

過年度財務指標

5期前	4期前	3期前	2期前	当期
87.67日	77.07日	57.29日	73.42日	日

　5期前は当期よりもかなり長かったのですが、4期前から当期までをみるとそれほど大きな変化はありません。仕入債務回転期間に大きな変化がないということは、（支払条件・在庫の出荷スケジュール）に大きな変化がないということです。仕入債務回転期間が1期間だけ長くなってしまった場合は、支払日が（五十日〈ごとうび〉・土休日）になっている場合があります。月末に支払うべき仕入債務が支払われずに残るため、月末締め翌月末払いですと、普段の年度末の（4倍・2倍）の仕入債務が支払われずに残っている可能性があります。この場合に仕入債務回転期間が長くなることは、それほど問題にはなりません。

Q 同業他社比較にチャレンジ

A社の仕入債務回転期間を記入し、（　）内の選択肢を選んでください。

同業他社財務指標

A社	B社	C社	D社
日	49.85日	64.06日	71.16日

　仕入債務回転期間を同業他社同士で比較してみると、B社だけが他社に比べて短いようです。これはB社の（棚卸資産回転期間・支払いサイト）が他社と比べて短いためです。B社の営業上、（有利・不利）に働いている可能性が高いと考えられます。他社と比べて支払いが早いことは、業界で取引をしている取引先にとっては魅力的と考えてもおかしくありません。一方的な値引き交渉だけではなく、仕入債務回転期間を考慮した取引も大事です。

主要企業の仕入債務回転期間の目安

百貨店	コンビニ	ドラッグ	電機メーカー	自動車	製薬
28.77日	10.76日	46.72日	42.04日	29.27日	21.36日

第4章　商売のサイクルをチェックする回転期間分析

> **基本計算の解答**

$$\text{仕入債務回転期間} = \frac{\text{支払手形及び買掛金}\ 521{,}647}{\text{売上高}\ 3{,}082{,}637 \div 365} = 61.77\ (日)$$

> **時系列比較問題　解答解説**

（解答は順に、支払条件、土休日、2倍）

　仕入債務回転期間に大きな変化がないということは、会社の支払条件が変化していないことを表します。在庫の出荷と仕入債務には、関係性はありません。支払日が土休日になっている場合には、月末締め翌月末払いですと、普段の年度末に比べて1カ月分余分に仕入債務が貸借対照表に計上されてしまいます。本来計上される1カ月分とあわせて2カ月分の仕入債務が計上されることになりますから、2倍の仕入債務になります。

> **同業他社比較問題　解答解説**

（解答は順に、支払いサイト、有利）

　B社の仕入債務回転期間が他社に比べて短いということは、支払いサイトが他社と比べて短いということです。棚卸資産回転期間は、仕入債務の支払いとは関係がありません。これはB社の営業上、有利に働いている可能性が高いのです。他社と比べて支払いが早いことで、他社に比べて有利な価格条件を引き出したり、仕入れを優先的にできたりすることもあるでしょう。手元に現金がある会社は、この現金を使って支払いサイトを短くすることで、コストダウンを実現できる可能性もあります。

コラム●コンビニやドラッグストアは営業しながら資金調達

　コンビニエンスストアやドラッグストア（DS）は、商品を販売するときは現金として入金されます。商品を仕入れる時も現金仕入れなのかと思いきや、仕入債務を使っています。コンビニやDSの新規開店を考えてみるとわかりやすいかと思います。新規開店をすると、当然商品がないと商売ができませんから、商品を仕入れます。この代金は2カ月先に支払われるとすれば、この時点で商品仕入れに関する現金支出はありません。一方で店が開店し、商品が売れると顧客は現金で購入します。ということは、コンビニやDSは商品仕入れの代金を支払わずに商品を仕入れることができ、なおかつ販売して現金を得ることもできるのです。もちろん、商品の仕入代金は、いつかは支払わなければならない負債ですが、資金繰りの面からだけでいうと、営業活動をしながら必要な資金を集めているとみることもできます。

第5章
キャッシュフローを使った分析

概　　要

　キャッシュフロー計算書は2000年3月期から決算書に加えられた比較的新しい決算書です。キャッシュフローは読んで字のごとく、キャッシュの流れです。1年間でどのくらいキャッシュの出入りがあったのかをみる決算書です。損益計算書と非常に近い印象をもつ方が多いようですが、損益計算書で計算される利益は、計算方法が複数認められていて、その方法の違いによって計算される利益も複数出てきます。これに対し、キャッシュフローの結果は1つです。そのため、損益計算書と併用して使われることが多いのです。

　このキャッシュフローを分析するのがキャッシュフロー分析です。会社がどのくらいキャッシュフローを生み出すことができるのか、設備投資は過剰ではないか、有利子負債の返済能力をキャッシュフローからみるとどうなるかなど、キャッシュの流れからの分析なので、会社の内部・外部両方の視点から重要になってきます。

分析指標

①総資本対営業キャッシュフロー（CF）比率

②設備投資対営業キャッシュフロー（CF）比率

③有利子負債対営業キャッシュフロー（CF）比率

本業からキャッシュを生み出せているか
❶総資本対営業CF比率

公式

$$総資本対営業CF比率 = \frac{営業CF}{総資本（＝総資産）} (\%)$$

指標の判断

総資本対営業CF比率が高いほど、キャッシュフロー創造力のある会社である。
業種によって差はあるが、一般的には10％を超えるとかなりいいといわれている。

指標の解説

貸借対照表

流動資産	流動負債
	固定負債
固定資産	
	純資産

経営者が債権者と株主から預かった資産でどれだけキャッシュフローを増やすことができたか

　総資本対営業CF比率は本業から生じる営業CFを分子に、経営者が債権者と株主から集めた資金全体を表す総資本（＝総資産）を分母におきます。総資本（総資産）でどのくらい本業のキャッシュフローを生み出すことができたのかを示す指標です。2章で解説したROA（総資本事業利益率）のキャッシュフロー版といえます。キャッシュフロー計算書が導入されてから使われるようになりました。
　背景には、キャッシュの流れが重要視されてきたことにあります。ROAと同じく、売上高を媒介にして分解式（P37）を作ることができます。営業CF÷売上高をキャッシュフローマージンといい、売上高÷総資本（総資産）が総資本回転率です。使い方はROAの分解式の時と同じです。

A社の決算書

連結貸借対照表（20XX年3月31日現在）（単位：百万円）

資産の部		負債の部	
流動資産		流動負債	
現金及び預金	221,110	支払手形及び買掛金	521,647
受取手形及び売掛金	402,996	短期借入金	155,456
棚卸資産	492,574	コマーシャルペーパー	150,000
その他	195,080	未払費用	180,295
流動資産計	1,311,760	その他	237,682
固定資産		流動負債計	1,245,080
（有形固定資産）	982,016	固定負債	
建物及び構築物	402,506	社債	250,000
機械装置及び運搬具	371,544	長期借入金	227,126
工具機器及び備品	63,261	その他	23,994
土地	101,250	固定負債計	501,120
建設仮勘定	32,750	負債合計	1,746,200
その他	10,705	純資産の部	
（無形固定資産）	87,234	資本金	205,000
ソフトウェア	52,750	資本剰余金	270,536
その他	34,484	利益剰余金	515,214
（投資その他の資産）	315,090	株主資本合計	990,750
投資有価証券	171,596	その他の包括利益累計額	−63,506
その他	143,494	少数株主持分	22,656
固定資産計	1,384,340	純資産合計	949,900
資産合計	2,696,100	負債・純資産合計	2,696,100

（経営者が投資家から預かった資産）

連結損益計算書（単位：百万円）
（20XX年4月1日から20YY年3月31日）

売上高		3,082,637
売上原価		2,465,452
	売上総利益	617,185
販売費及び一般管理費		531,820
給料及び手当		245,025
広告宣伝費		10,154
研究開発費		104,700
その他		171,941
	営業利益	85,365
営業外収益		16,523
受取利息及び配当金		2,375
持ち分法による投資利益		10,684
その他		3,464
営業外費用		36,308
支払利息		8,050
その他		28,258
	経常利益	65,580
特別利益		1,554
特別損失		23,015
税金等調整前当期純利益		44,119
法人税、住民税及び事業税		22,972
法人税等調整額		−6,424
少数株主利益		1,809
	当期純利益	25,762

（本業で稼いだキャッシュフロー）

連結キャッシュフロー計算書（単位：百万円）
（20XX年4月1日から20YY年3月31日）

営業活動によるキャッシュフロー	
税金等調整前当期純利益	44,119
減価償却費	112,281
売上債権の増減額	28,762
棚卸資産の増減額	−63,599
仕入債務の増減額	−4,675
その他	43,121
営業活動によるキャッシュフロー	160,009
投資活動によるキャッシュフロー	
有形固定資産の取得による支出	−175,724
無形固定資産の取得による支出	−3,120
その他	−47,295
投資活動によるキャッシュフロー	−226,139
財務活動によるキャッシュフロー	
短期借入金の純増減額	34,775
長期借入れによる収入	90,665
長期借入金の返済による支出	−47,051
社債の発行による収入	5,000
配当金の支払額	−10,525
その他	−83,309
財務活動によるキャッシュフロー	−10,445
現金増減額	−76,575
期首現金残高	297,685
期末現金残高	221,110

Q 基本計算　A社の総資本対営業CF比率を求めましょう。

$$総資本対営業CF比率 = \frac{営業CF\ [\quad]}{総資本\ [\quad]} \times 100 = [\quad] (\%)$$

Q 時系列比較にチャレンジ

当期の総資本対営業CF比率を記入し、（　）内の選択肢を選んでください。

過年度財務指標

5期前	4期前	3期前	2期前	当期
10.6%	10.5%	0.9%	10.7%	%

　3期前を除き、10％を超える高水準の総資本営業CF比率です。営業CFは税金等調整前当期純利益に減価償却費を（減算・加算）して計算されますので、設備投資の影響を直接的に（受ける・受けない）ため、本業の業績がより鮮明にみえてきます。当期は以前に比べて下がっていますが、長期間続かなければ大きな問題とはならないでしょう。引き続き、（営業CF・投資CF）の改善に努めていく必要があります。

Q 同業他社比較にチャレンジ

A社の総資本対営業CF比率を記入し、（　）内の選択肢を選んでください。

同業他社財務指標

A社	B社	C社	D社
%	4.4%	3.0%	1.4%

　A社は業界内の他社よりも比率が高く、本業からのキャッシュフロー創造力が高いと考えられます。他社と比べて総資本対営業CF比率が高いのは、総資本が低いか、営業CFが大きいかのどちらかです。営業CFが大きい場合は、棚卸資産の（増加・減少）や税金等調整前当期純利益の増加が考えられます。
　総資本対営業CF比率の低いD社は（営業CF・投資CF）に問題を抱えている可能性が高いとみられます。

主要企業の総資本対営業CF比率の目安

百貨店	コンビニ	ドラッグ	電機メーカー	自動車	製薬
2.7%	15.2%	5.2%	6.0%	9.3%	11.7%

第5章　キャッシュフローを使った分析

基本計算の解答

$$総資本対営業CF比率 = \frac{営業CF\ 160,009}{総資本\ 2,696,100} \times 100 = 5.9（\%）$$

時系列比較問題　解答解説

（解答は順に、加算、受けない、営業CF）

　営業CFは、損益計算書でいったん減算された減価償却費を、再び税金等調整前当期純利益に加算して計算されます。つまり、設備投資による減価償却費の増減の影響を直接的には受けません。そのため、本業の業績がより鮮明にみえてきます。当期は以前に比べて下がっていますが、長期間続かなければ問題ありません。引き続き、棚卸資産、売上債権の管理をしっかりとし、営業CFの改善に努めていく必要があります。

同業他社比較問題　解答解説

（解答は順に、減少、営業CF）

　A社は業界内の他社よりも比率が高く、営業CFが大きいとみられます。この場合は、棚卸資産減少、売上債権の減少、仕入債務の増加や税金等調整前当期純利益の増加が考えられます。いずれにせよ、本業が他社に比べうまくいっている状況です。棚卸資産が増加するとその分キャッシュが出ていきますので、営業CFは小さくなります。一方、総資本対営業CF比率の低いD社は、本業に問題を抱えている可能性があります。棚卸資産の増加、売上債権の増加、仕入債務の減少や税金等調整前当期純利益の減少などが挙げられます。

コラム●フリーキャッシュフローは指標の算定には不向き

　フリーキャッシュフロー（FCF）という言葉を最近よく耳にします。FCFとは、営業CFから投資CFを差し引いた数値をいいます。本業で儲けたキャッシュフローから、必要な設備投資分を差し引いたうえで残ったキャッシュフローのことをいいます。将来の投資まで含んでいるため、現在から将来までをみる会社本来のキャッシュフローということができ、分析に向いているように思われます。しかし、会社の投資には年によってバラツキがあります。投資優先と判断したときは、投資金額が膨らみFCFがマイナスになるケースが頻発します。そうなると、指標がいいのか悪いのかの判断が難しくなります。そのため、FCFは指標として分析するよりも、金額そのものの動向をみたほうがよいでしょう。

設備投資は無理のない範囲か
❷設備投資対営業CF比率

公式

$$設備投資対営業CF比率 = \frac{設備投資}{営業CF} (\%)$$

指標の判断

一般的に100％以下が無理のない投資といわれている。
過年度をみて長期間100％を超えている状況は好ましくないとみられる。

指標の解説

```
        キャッシュフロー計算書
営業キャッシュフロー      XXX  ← 本業で稼ぎ出した
投資キャッシュフロー      XXX      キャッシュフロー
  有形固定資産の取得による支出 ┐    ↓どのくらいまかなえているか
  無形固定資産の取得による支出 ┘   設備投資
  その他
財務キャッシュフロー      XXX
```

　設備投資対営業CF比率は、投資CFの中の「有形固定資産の取得による支出」と「無形固定資産の取得による支出」を合計した会社の設備投資額を分子に、本業から生じる営業CFを分母におきます。

　キャッシュフローの中で本業から生じる営業CFでどのくらい設備投資をまかなえているかを示す指標です。100％を超えた場合、営業CFだけでは足りず、設備の売却や財務CFによる資金調達が必要になります。1〜2年ほどの短い期間であれば、その期に大きな設備投資が必要であるということを示しており、それほど問題にはなりません。しかし、3年以上の長期間続いた場合は、有利子負債の増加を招く結果になります。長期間100％超が続くと、不況時に営業CFが減少してしまい、増加した有利子負債の返済に窮してしまいます。設備投資が重荷になる可能性が高く、しっかりと管理する必要があります。

A社の決算書

連結貸借対照表（20XX年3月31日現在）（単位：百万円）

資産の部		負債の部	
流動資産		流動負債	
現金及び預金	221,110	支払手形及び買掛金	521,647
受取手形及び売掛金	402,996	短期借入金	155,456
棚卸資産	492,574	コマーシャルペーパー	150,000
その他	195,080	未払費用	180,295
流動資産計	1,311,760	その他	237,682
固定資産		流動負債計	1,245,080
（有形固定資産）	982,016	固定負債	
建物及び構築物	402,506	社債	250,000
機械装置及び運搬具	371,544	長期借入金	227,126
工具機器及び備品	63,261	その他	23,994
土地	101,250	固定負債計	501,120
建設仮勘定	32,750	負債合計	1,746,200
その他	10,705	純資産の部	
（無形固定資産）	87,234	資本金	205,000
ソフトウェア	52,750	資本剰余金	270,536
その他	34,484	利益剰余金	515,214
（投資その他の資産）	315,090	株主資本合計	990,750
投資有価証券	171,596	その他の包括利益累計額	－63,506
その他	143,494	少数株主持分	22,656
固定資産計	1,384,340	純資産合計	949,900
資産合計	2,696,100	負債・純資産合計	2,696,100

連結損益計算書（単位：百万円）
（20XX年4月1日から20YY年3月31日）

売上高		3,082,637
売上原価		2,465,452
	売上総利益	617,185
販売費及び一般管理費		531,820
給料及び手当		245,025
広告宣伝費		10,154
研究開発費		104,700
その他		171,941
	営業利益	85,365
営業外収益		16,523
受取利息及び配当金		2,375
持ち分法による投資利益		10,684
その他		3,464
営業外費用		36,308
支払利息		8,050
その他		28,258
	経常利益	65,580
特別利益		1,554
特別損失		23,015
税金等調整前当期純利益		44,119
法人税、住民税及び事業税		22,972
法人税等調整額		－6,424
少数株主利益		1,809
	当期純利益	25,762

本業で稼いだキャッシュフロー

設備投資

連結キャッシュフロー計算書（単位：百万円）
（20XX年4月1日から20YY年3月31日）

営業活動によるキャッシュフロー	
税金等調整前当期純利益	44,119
減価償却費	112,281
売上債権の増減額	28,762
棚卸資産の増減額	－63,599
仕入債務の増減額	－4,675
その他	43,121
営業活動によるキャッシュフロー	160,009
投資活動によるキャッシュフロー	
有形固定資産の取得による支出	－175,724
無形固定資産の取得による支出	－3,120
その他	－47,295
投資活動によるキャッシュフロー	－226,139
財務活動によるキャッシュフロー	
短期借入金の純増減額	34,775
長期借入れによる収入	90,665
長期借入金の返済による支出	－47,051
社債の発行による収入	5,000
配当金の支払額	－10,525
その他	－83,309
財務活動によるキャッシュフロー	－10,445
現金増減額	－76,575
期首現金残高	297,685
期末現金残高	221,110

Q 基本計算　A社の設備投資対営業CF比率を求めましょう。

$$設備投資対営業CF比率 = \frac{設備投資\ \boxed{}}{営業CF\ \boxed{}} \times 100 = \boxed{}\ (\%)$$

Q 時系列比較にチャレンジ

当期の設備投資対営業CF比率を記入し、（　）内の選択肢を選んでください。

過年度財務指標

5期前	4期前	3期前	2期前	当期
93.7%	112.1%	934.9%	73.4%	％

　A社の設備投資に対するスタンスは、3期前を除いてはほとんど変わらず、設備投資対営業CF比率が100％前後で推移しています。これは、設備投資を（営業CFの・営業CFから減価償却費を除いた）範囲内で行っていることであり、財務CFからの資金調達が（必要・不要）ということを表しています。この場合、有利子負債の増加がそれほどないと考えられるため、今後大型の設備投資を行う場合、資金調達が（しやすく・しにくく）なります。

Q 同業他社比較にチャレンジ

A社の設備投資対営業CF比率を記入し、（　）内の選択肢を選んでください。

同業他社財務指標

A社	B社	C社	D社
％	87.0%	146.2%	157.9%

　B社は設備投資に関して慎重な、C社、D社は（積極的・消極的）なスタンスです。A社はB社のスタンスに近いと考えられます。C社、D社のような数値が長期間続くと有利子負債残高が増加している可能性があります。すでに投資した設備投資から十分な（営業CF・財務CF）がもたらされれば問題はありませんが、そうでなければ返済に問題が生じ、過剰な設備投資になってしまう可能性があります。

主要企業の設備投資対営業CF比率の目安

百貨店	コンビニ	ドラッグ	電機メーカー	自動車	製薬
98.2%	42.1%	35.5%	97.3%	29.7%	38.0%

第5章　キャッシュフローを使った分析

> **基本計算の解答**
>
> $$\text{設備投資対営業CF比率} = \frac{\text{設備投資}\ 178{,}844}{\text{営業CF}\ 160{,}009} \times 100 = 111.8\ (\%)$$

> **時系列比較問題　解答解説**
>
> （解答は順に、営業CFの、不要、しやすく）
>
> 　設備投資対営業CF比率が100％前後で推移ということは、設備投資を営業CFの範囲内に収めているということですから、財務CFからの資金調達が不要ということを表しています。ここで営業CFから減価償却費を差し引いても、特に意味のある数字にはなりません。設備投資を営業CFでまかなっているということは、有利子負債の残高は大きく増えていないと推測されるので、今後大型の設備投資を行う場合、資金調達がしやすくなります。

> **同業他社比較問題　解答解説**
>
> （解答は順に、積極的、営業CF）
>
> 　設備投資対営業CF比率が100％を超えているということは、分子の設備投資が営業CFを超えているということなので、設備投資へのスタンスは積極的といえるでしょう。A社、B社は100％前後なので、様子見をしながら、といった慎重なスタンスです。一方、C社、D社のような積極的なスタンスが長期間続いた場合、資金調達の必要性があるため、有利子負債残高が増加している可能性があります。投資から十分営業CFがもたらされれば問題はありませんが、そうでなければ返済に問題が生じてしまう可能性があります。

> **コラム●毎年投資CFはマイナス。設備投資はなぜ必要か？**
>
> 　キャッシュフロー計算書をみると、投資CFはほとんどの会社でキャッシュアウトフロー（現金支出）、すなわちマイナスになっています。なぜ、会社は設備投資を行うのでしょうか？最大の目的は将来の営業CFの拡大です。純粋にキャッシュインフロー（現金収入）が増えて営業CFが増加するケースと、設備導入による効率化でコストが削減され、キャッシュアウトフローが減ることによって営業CFが増加するケースがあります。いずれにせよ将来の営業CFが増加することを期待して設備投資するのです。あくまで将来の見通しですから、失敗することもあります。うまくいかないことがわかったら、追加的なコストが発生する前に、速やかに設備投資から撤退すべきでしょう。

借金を何年で返済できるのか
❸有利子負債対営業CF比率

公式

$$\text{有利子負債対営業 CF 比率} = \frac{\text{有利子負債}}{\text{営業 CF}} \text{(倍)}$$

指標の判断

一般的に10倍以内が望ましいとされる。

指標の解説

貸借対照表

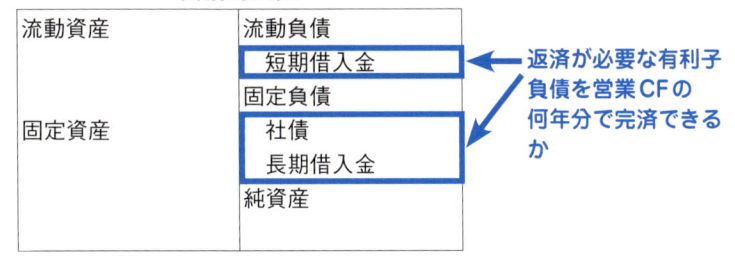

流動資産	流動負債
	短期借入金
	固定負債
固定資産	社債
	長期借入金
	純資産

→ 返済が必要な有利子負債を営業CFの何年分で完済できるか

　有利子負債対営業CF比率は、返済しなければならない有利子負債が、本業の稼ぎ（営業CF）の何倍になるかを示す指標です。読み方を変えれば、有利子負債を営業CF何年分で返済できるかを示す指標ともいえます。債務償還年数とも呼ばれ、金融機関が融資の際に重要視する指標の１つです。

　有利子負債とは、文字通り負債のうち利息がつく負債のことをいいます。短期借入金、長期借入金、社債、コマーシャルペーパー（短期の手形借入れ）などが挙げられます。

　もちろん、会社が営業CFすべてを有利子負債の返済に回せば、必要な投資ができなくなりますから実際にはあり得ません。あくまでも営業CFと有利子負債の返済のバランスを表す目安に過ぎないのです。

第5章　キャッシュフローを使った分析

A社の決算書

連結貸借対照表（20XX年3月31日現在）（単位：百万円）

資産の部		負債の部	
流動資産		流動負債	
現金及び預金	221,110	支払手形及び買掛金	521,647
受取手形及び売掛金	402,996	短期借入金	155,456
棚卸資産	492,574	コマーシャルペーパー	150,000
その他	195,080	未払費用	180,295
流動資産計	1,311,760	その他	237,682
固定資産		流動負債計	1,245,080
（有形固定資産）	982,016	固定負債	
建物及び構築物	402,506	社債	250,000
機械装置及び運搬具	371,544	長期借入金	227,126
工具機器及び備品	63,261	その他	23,994
土地	101,250	固定負債計	501,120
建設仮勘定	32,750	負債合計	1,746,200
その他	10,705	純資産の部	
（無形固定資産）	87,234	資本金	205,000
ソフトウェア	52,750	資本剰余金	270,536
その他	34,484	利益剰余金	515,214
（投資その他の資産）	315,090	株主資本合計	990,750
投資有価証券	171,596	その他の包括利益累計額	−63,506
その他	143,494	少数株主持分	22,656
固定資産計	1,384,340	純資産合計	949,900
資産合計	2,696,100	負債・純資産合計	2,696,100

返済しなければならない有利子負債

連結損益計算書（単位：百万円）
（20XX年4月1日から20YY年3月31日）

売上高		3,082,637
売上原価		2,465,452
	売上総利益	617,185
販売費及び一般管理費		531,820
給料及び手当		245,025
広告宣伝費		10,154
研究開発費		104,700
その他		171,941
	営業利益	85,365
営業外収益		16,523
受取利息及び配当金		2,375
持ち分法による投資利益		10,684
その他		3,464
営業外費用		36,308
支払利息		8,050
その他		28,258
	経常利益	65,580
特別利益		1,554
特別損失		23,015
税金等調整前当期純利益		44,119
法人税、住民税及び事業税		22,972
法人税等調整額		−6,424
少数株主利益		1,809
	当期純利益	25,762

本業から得られるキャッシュフロー

連結キャッシュフロー計算書（単位：百万円）
（20XX年4月1日から20YY年3月31日）

営業活動によるキャッシュフロー	
税金等調整前当期純利益	44,119
減価償却費	112,281
売上債権の増減額	28,762
棚卸資産の増減額	−63,599
仕入債務の増減額	−4,675
その他	43,121
営業活動によるキャッシュフロー	160,009
投資活動によるキャッシュフロー	
有形固定資産の取得による支出	−175,724
無形固定資産の取得による支出	−3,120
その他	−47,295
投資活動によるキャッシュフロー	−226,139
財務活動によるキャッシュフロー	
短期借入金の純増減額	34,775
長期借入れによる収入	90,665
長期借入金の返済による支出	−47,051
社債の発行による収入	5,000
配当金の支払額	−10,525
その他	−83,309
財務活動によるキャッシュフロー	−10,445
現金増減額	−76,575
期首現金残高	297,685
期末現金残高	221,110

Q 基本計算　A社の有利子負債対営業CF比率を求めましょう。

$$\text{有利子負債対営業CF比率} = \frac{\text{有利子負債}\ \boxed{}}{\text{営業CF}\ \boxed{}} = \boxed{}\ (倍)$$

Q 時系列比較にチャレンジ

当期の有利子負債対営業CF比率を記入し、（　）内の選択肢を選んでください。

過年度財務指標

5期前	4期前	3期前	2期前	当期
1.80倍	2.03倍	31.70倍	2.61倍	倍

　4期前まではかなり低水準で推移していましたが、3期前に一気に悪化しています。一時的な悪化は（営業CFの減少・投資CFの減少）が原因と考えられますが、3期前以降、じりじりと悪化傾向になっています。これは、（株主資本の増加・有利子負債の増加）が生じている可能性があります。もちろん、当期や2期前は、4期前ほど営業CFをあげることができなくなったことも要因と考えられます。有利子負債が積み上がれば（配当金・支払利息）が増加してきますので、より一層の管理が必要になってきます。

Q 同業他社比較にチャレンジ

A社の有利子負債対営業CF比率を記入し、（　）内の選択肢を選んでください。

同業他社財務指標

A社	B社	C社	D社
倍	8.69倍	17.05倍	31.57倍

　A社の有利子負債対営業CF比率は、他社と比べるとかなり良い水準といえます。業界全体として資金調達の中心が（株主資本・有利子負債）に頼っていると考えられます。特にC社、D社は目安とされる（10倍・15倍）を超えており、早期の改善策が要求されるでしょう。A社は他社よりも有利子負債依存度が低いということですから、有利子負債をコントロールしながら、営業CFの増加を狙っていくべきでしょう。

主要企業の有利子負債対営業CF比率の目安

百貨店	コンビニ	ドラッグ	電機メーカー	自動車	製薬
6.44倍	0.50倍	2.26倍	3.40倍	3.82倍	0.05倍

> **基本計算の解答**

$$\text{有利子負債対営業CF比率} = \frac{\text{有利子負債}\ 782{,}582}{\text{営業CF}\ 160{,}009} = 4.89\ (倍)$$

＊有利子負債は「短期借入金」「コマーシャルペーパー」「社債」「長期借入金」の合計

> **時系列比較問題　解答解説**

（解答は順に、営業CFの減少、有利子負債の増加、支払利息）

　有利子負債対営業CF比率の一時的な悪化は多くの場合、営業CFの減少によるもので、投資CFは関係ありません。3期前以降、以前ほどの営業CFをあげることができず、有利子負債の増加によりキャッシュフローを補っている可能性があります。株主資本は有利子負債とは関係がありません。有利子負債が積み上がれば、その分支払利息が増加します。有利子負債が増加しても、配当金は増えません。支払利息が増加すれば金融コストの上昇につながりますので、いっそうの管理が必要と考えられます。

> **同業他社比較問題　解答解説**

（解答は順に、有利子負債、10倍）

　有利子負債対営業CF比率が高くなるということは、有利子負債が増加しているか、営業CFが減少しているかのどちらかで、株主資本は関係ありません。必要な投資を行うために有利子負債による資金調達を行うケースが多くなります。C社、D社は目安とされる10倍を超えており、有利子負債をコントロールする必要があります。

コラム●有利子負債と株主資本による資金調達はどちらが得か

　資金調達でよく話題になるのが、有利子負債と株主資本のどちらで資金調達するのか、ということです。コスト面から考えると、有利子負債は支払利息がかかりますし、元本の返済も必要です。一方、株主資本は利益が生じたときのみ配当金を出せばよく、元本の返済の必要性はありません。しかし、逆にいうと多額の利益が出れば、その分だけ株主に配当金を払わなければならないということです。どんなに利益が出ても、債権者は当初から契約した金利分以上にもらえることはありません。そう考えると、経営者は自社の事業計画にあわせた資金調達のバランスを考えるべきです。リスクが低く安定的に利益が出る場合は有利子負債で、そうでなければ株主資本で資金調達したほうが有利になるのです。

第6章
経営の効率を計る経費率分析

概　　要

損益計算書（一部抜粋）

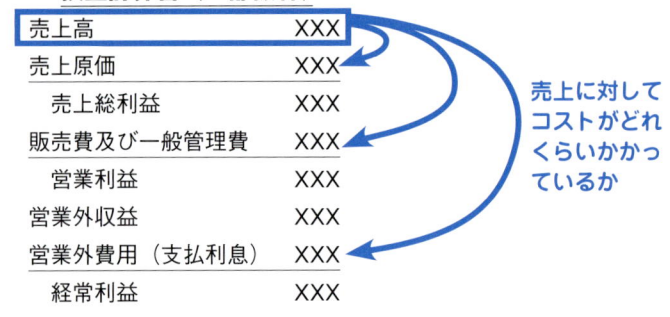

売上高	XXX
売上原価	XXX
売上総利益	XXX
販売費及び一般管理費	XXX
営業利益	XXX
営業外収益	XXX
営業外費用（支払利息）	XXX
経常利益	XXX

売上に対してコストがどれくらいかかっているか

　経費率分析は、会社が売上に対してコストをどのくらいかけているのかを分析する手法です。売上は経営活動の大きさを表しています。コストは売上を得るために必要なものですが、そのさじ加減が重要になります。無尽蔵にコストをかけても、その分売上があがるわけではありません。また、必要なコストを削りすぎてしまうと、今度は売上が減少してしまいます。会社の最終目標は利益をあげることなのですから、売上はできるだけ多く、コストはできるだけ少なく、というのが基本です。売上を得るために、いかに効率よくコストをかけていくかが会社にとって重要になります。経費率分析は会社がどのくらい効率的にコストをかけているかをみることができます。

分析指標

①売上高人件費率

②売上高研究開発費率

③売上高金融費用比率

人に対する投資はどのくらいか
❶売上高人件費率

公式

$$売上高人件費率 = \frac{人件費}{売上高} \ (\%)$$

指標の判断

売上高人件費率が高いほど、労働集約的な会社といえる。
同業他社、過年度と比較して低い方が望ましい。

指標の解説

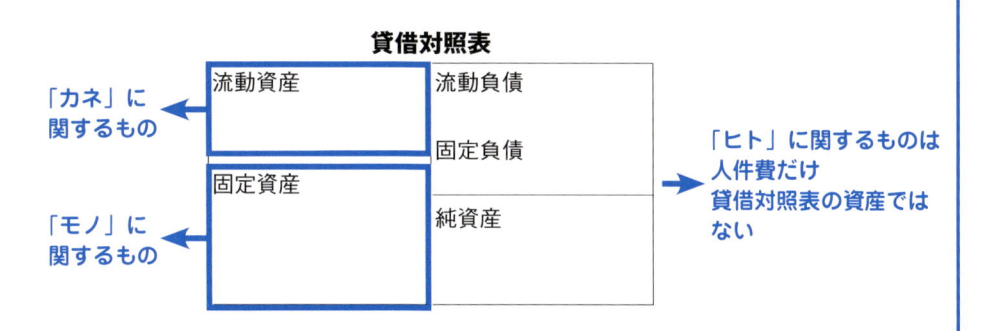

貸借対照表

流動資産	流動負債
	固定負債
固定資産	純資産

「カネ」に関するもの ← 流動資産
「モノ」に関するもの ← 固定資産
「ヒト」に関するものは人件費だけ → 貸借対照表の資産ではない

　売上高人件費率は、「ヒト」にかかるコストである人件費を分子に、会社の営業活動の大きさである売上高を分母におきます。人件費は、損益計算書の販売費及び一般管理費に計上されている「給与及び諸手当」「法定福利費」「賞与」「役員報酬」「退職金」などが該当します。メーカーの場合、製造原価報告書の「労務費」も含まれることになります。「労務費」は製品を作るためにかかった人件費のことで、例として工場に勤める従業員の給料になります。「ヒト」に対する支出はすべて人件費となります。
「ヒト」「モノ」「カネ」という経営の3資源のうち「モノ」「カネ」は貸借対照表に資産として計上されます。「ヒト」は資産とはならず、損益計算書の人件費か製造原価報告書の労務費にしか表れません。このような中で人に対する会社のスタンスを知ることができる指標が売上高人件費率です。「ヒト」への投資の過多がわかります。

A社の決算書

連結貸借対照表 （20XX年3月31日現在）（単位：百万円）

「カネ」

資産の部		負債の部	
流動資産		流動負債	
現金及び預金	221,110	支払手形及び買掛金	521,647
受取手形及び売掛金	402,996	短期借入金	155,456
棚卸資産	492,574	コマーシャルペーパー	150,000
その他	195,080	未払費用	180,295
流動資産計	1,311,760	その他	237,682

「モノ」

固定資産		流動負債計	1,245,080
（有形固定資産）	982,016	固定負債	
建物及び構築物	402,506	社債	250,000
機械装置及び運搬具	371,544	長期借入金	227,126
工具機器及び備品	63,261	その他	23,994
土地	101,250	固定負債計	501,120
建設仮勘定	32,750	負債合計	1,746,200
その他	10,705	純資産の部	
（無形固定資産）	87,234	資本金	205,000
ソフトウェア	52,750	資本剰余金	270,536
その他	34,484	利益剰余金	515,214
（投資その他の資産）	315,090	株主資本合計	990,750
投資有価証券	171,596	その他の包括利益累計額	－63,506
その他	143,494	少数株主持分	22,656
固定資産計	1,384,340	純資産合計	949,900
資産合計	2,696,100	負債・純資産合計	2,696,100

連結損益計算書 （単位：百万円）
（20XX年4月1日から20YY年3月31日）

営業活動の大きさ ↑

「ヒト」に対するコスト ↑

売上高	3,082,637
売上原価	2,465,452
売上総利益	617,185
販売費及び一般管理費	531,820
給料及び手当	245,025
広告宣伝費	10,154
研究開発費	104,700
その他	171,941
営業利益	85,365
営業外収益	16,523
受取利息及び配当金	2,375
持ち分法による投資利益	10,684
その他	3,464
営業外費用	36,308
支払利息	8,050
その他	28,258
経常利益	65,580
特別利益	1,554
特別損失	23,015
税金等調整前当期純利益	44,119
法人税、住民税及び事業税	22,972
法人税等調整額	－6,424
少数株主利益	1,809
当期純利益	25,762

連結キャッシュフロー計算書 （単位：百万円）
（20XX年4月1日から20YY年3月31日）

営業活動によるキャッシュフロー	
税金等調整前当期純利益	44,119
減価償却費	112,281
売上債権の増減額	28,762
棚卸資産の増減額	－63,599
仕入債務の増減額	－4,675
その他	43,121
営業活動によるキャッシュフロー	160,009
投資活動によるキャッシュフロー	
有形固定資産の取得による支出	－175,724
無形固定資産の取得による支出	－3,120
その他	－47,295
投資活動によるキャッシュフロー	－226,139
財務活動によるキャッシュフロー	
短期借入金の純増減額	34,775
長期借入れによる収入	90,665
長期借入金の返済による支出	－47,051
社債の発行による収入	5,000
配当金の支払額	－10,525
その他	－83,309
財務活動によるキャッシュフロー	－10,445
現金増減額	－76,575
期首現金残高	297,685
期末現金残高	221,110

Q 基本計算　A社の売上高人件費率を求めましょう。

$$売上高人件費率 = \frac{人件費\ \boxed{}}{売上高\ \boxed{}} \times 100 = \boxed{}\ (\%)$$

Q 時系列比較にチャレンジ

当期の売上高人件費率を記入し、（　）内の選択肢を選んでください。

過年度財務指標

5期前	4期前	3期前	2期前	当期
6.31%	7.86%	8.07%	7.88%	%

　ここ4期間横ばいで推移しています。増減がある売上に対して、人件費をうまくコントロールしてきたといえます。ただし、5期前と比べると上昇はしています。（売上の減少・営業利益の減少）か、人件費の上昇か、どちらが原因かを調べる必要があります。

　売上が減少した場合、人件費も減少させる必要がありますが、人件費は売上の変化に対して簡単に変化させることができない（固定費・変動費）がほとんどです。コントロールできる人件費は（外部委託費用・残業手当）など少数です。

Q 同業他社比較にチャレンジ

A社の売上高人件費率を記入し、（　）内の選択肢を選んでください。

同業他社財務指標

A社	B社	C社	D社
%	9.25%	6.81%	6.16%

　A社、B社が高いグループで、C社、D社が低いグループになります。売上高人件費率が高くても（売上高営業利益率・売上高研究開発費率）が高ければ、人件費はかかってもその分利益もあがっていることになり、問題にはなりません。一方で、業界内で人件費が低いと、人材が流失しかねません。会社内に人がうまく定着しないと、（営業外費用の発生・売上の減少）を招く可能性があるのです。

主要企業の売上高人件費率の目安

百貨店	コンビニ	ドラッグ	電機メーカー	自動車	製薬
8.53%	13.15%	9.47%	8.73%	10.17%	6.42%

第6章　経営の効率を計る経費率分析

> **基本計算の解答**

$$売上高人件費率 = \frac{人件費\ 245{,}025}{売上高\ 3{,}082{,}637} \times 100 = 7.95（\%）$$

> **時系列比較問題　解答解説**
>
> （解答は順に、売上の減少、固定費、残業手当）
> 　売上高人件費率が上昇しているということは、分母の売上高の減少か分子の人件費の上昇が原因です。営業利益自体は関係ありません。人件費は簡単に減らすことができない「固定費」です。人員削減や基本給の削減は、簡単にはできません。コントロールできるのは残業手当など少数です。外部委託費用は給与とはならず、人件費には含まれません。

> **同業他社比較問題　解答解説**
>
> （解答は順に、売上高営業利益率、売上の減少）
> 　売上高人件費率が高くても売上高営業利益率が高い場合は、「ヒト」に投資をしたから儲けが出たともいえます。一方、売上高人件費率が低い場合、そして売上高営業利益率が低い場合は問題です。他社と比べて人件費が低いと社員が辞めてしまう可能性が高くなり、人材が会社内に定着しないと、売上の減少を招きます。なお、「ヒト」は本業のために雇われているケースがほとんどですから、営業外費用の発生とは直接関係はありません。

コラム●「ヒト」への投資はどのように考えるのか

売上高人件費率を、従業員数を媒介にして2つの指標に分けてみましょう

$$\frac{人件費}{売上高}\ (売上高人件費率) = \frac{人件費}{従業員数}\ (1人あたり人件費) \div \frac{売上高}{従業員数}\ (1人あたり売上高)$$

　売上高人件費率は、1人あたり人件費と1人あたり売上高に分けられます。売上高人件費率を下げるには、1人あたり人件費を下げるか、1人あたり売上高を上げるかのどちらかです。つまり、それほど売上があがらなくても人件費の安い従業員を中心に会社を構成するか、大きな売上があがるが人件費の高い従業員を中心にするかのどちらかです。むやみに人件費を削減するのではなく、1人あたり売上高を含めて考える必要があります。

どのくらい先行投資しているかを知る
❷売上高研究開発費率

公式

$$売上高研究開発費率 = \frac{研究開発費}{売上高} \ (\%)$$

指標の判断

売上高研究開発費率が高いほど、将来への投資に積極的であり、有望といえる。業種によって差はあるが、一般的には5％を超えることが望ましいといわれる。

指標の解説

現在の損益計算書（一部抜粋）		
売上高		XXX
売上原価		XXX
売上総利益		XXX
販売費及び一般管理費		
研究開発費	XXX	
その他	XXX	XXX
営業利益		XXX

将来の損益計算書（一部抜粋）		
売上高		XXX
売上原価		XXX
売上総利益		XXX
販売費及び一般管理費		
研究開発費	XXX	
その他	XXX	XXX
営業利益		XXX

将来の売上に影響を与える

　売上高研究開発費率は、分母に現在の経営活動の大きさである売上高をおき、分子に将来の売上を期待して投資する研究開発費をおきます。会社が将来に向けどのくらい投資をしているのかをみる指標です。

　なぜ会社は研究開発費をかけるかというと、研究開発が成功すると将来大きな売上が期待できるからです。上図のように、現時点ではコストですが、研究開発が成功すれば将来大きな売上をもたらすことができ、大きな利益をあげることができます。

　もちろん、研究開発がすべて成功するわけではないのですが、新たな研究開発を行わなければ将来の成長は見込めません。座して死を待つよりは、将来の売上の柱になるような技術を確立することが大切です。特に、技術を柱としているような会社は、研究開発を続けていかないと成長することができなくなるのです。

A社の決算書

連結貸借対照表（20XX年3月31日現在）（単位：百万円）

資産の部		負債の部	
流動資産		流動負債	
現金及び預金	221,110	支払手形及び買掛金	521,647
受取手形及び売掛金	402,996	短期借入金	155,456
棚卸資産	492,574	コマーシャルペーパー	150,000
その他	195,080	未払費用	180,295
流動資産計	1,311,760	その他	237,682
固定資産		流動負債計	1,245,080
（有形固定資産）	982,016	固定負債	
建物及び構築物	402,506	社債	250,000
機械装置及び運搬具	371,544	長期借入金	227,126
工具機器及び備品	63,261	その他	23,994
土地	101,250	固定負債計	501,120
建設仮勘定	32,750	負債合計	1,746,200
その他	10,705	純資産の部	
（無形固定資産）	87,234	資本金	205,000
ソフトウェア	52,750	資本剰余金	270,536
その他	34,484	利益剰余金	515,214
（投資その他の資産）	315,090	株主資本合計	990,750
投資有価証券	171,596	その他の包括利益累計額	−63,506
その他	143,494	少数株主持分	22,656
固定資産計	1,384,340	純資産合計	949,900
資産合計	2,696,100	負債・純資産合計	2,696,100

現在の営業活動の大きさ →

将来への投資 →

連結損益計算書（単位：百万円）
（20XX年4月1日から20YY年3月31日）

売上高	3,082,637
売上原価	2,465,452
売上総利益	617,185
販売費及び一般管理費	531,820
給料及び手当	245,025
広告宣伝費	10,154
研究開発費	104,700
その他	171,941
営業利益	85,365
営業外収益	16,523
受取利息及び配当金	2,375
持ち分法による投資利益	10,684
その他	3,464
営業外費用	36,308
支払利息	8,050
その他	28,258
経常利益	65,580
特別利益	1,554
特別損失	23,015
税金等調整前当期純利益	44,119
法人税、住民税及び事業税	22,972
法人税等調整額	−6,424
少数株主利益	1,809
当期純利益	25,762

連結キャッシュフロー計算書（単位：百万円）
（20XX年4月1日から20YY年3月31日）

営業活動によるキャッシュフロー	
税金等調整前当期純利益	44,119
減価償却費	112,281
売上債権の増減額	28,762
棚卸資産の増減額	−63,599
仕入債務の増減額	−4,675
その他	43,121
営業活動によるキャッシュフロー	160,009
投資活動によるキャッシュフロー	
有形固定資産の取得による支出	−175,724
無形固定資産の取得による支出	−3,120
その他	−47,295
投資活動によるキャッシュフロー	−226,139
財務活動によるキャッシュフロー	
短期借入金の純増減額	34,775
長期借入れによる収入	90,665
長期借入金の返済による支出	−47,051
社債の発行による収入	5,000
配当金の支払額	−10,525
その他	−83,309
財務活動によるキャッシュフロー	−10,445
現金増減額	−76,575
期首現金残高	297,685
期末現金残高	221,110

Q 基本計算　A社の売上高研究開発費率を求めましょう。

売上高研究開発費率 ＝ 研究開発費 / 売上高 ×100 ＝ ☐ （%）

Q 時系列比較にチャレンジ

当期の売上高研究開発費率を記入し、（　）内の選択肢を選んでください。

過年度財務指標

5期前	4期前	3期前	2期前	当期
4.47%	4.28%	5.11%	4.23%	%

　過去4期間はほぼ横ばいの水準で、A社が研究開発に対して一定の金額をかけ続けていることがわかります。売上高研究開発費率がほぼ横ばいということは、売上の増減があっても研究開発費が（維持・減額）されている状態で、A社が研究開発を（コストダウンの対象と・重要視）していることがわかります。当期は、過去4期間に比べて低下しています。一時的なものなのか、研究開発へのスタンスが変わったのかをみなければなりません。研究開発を続けることは、将来的に（売上の増加・営業外収益の増加）をもたらします。当期の変化が一時的なものでなければ、将来の損益に大きな影響を与えるのです。

Q 同業他社比較にチャレンジ

A社の売上高研究開発費率を記入し、（　）内の選択肢を選んでください。

同業他社財務指標

A社	B社	C社	D社
%	4.22%	1.62%	1.95%

　A社の売上高研究開発費率は、B社と比較すると低いものの、C社、D社よりは高い数値になっています。A社とB社が研究開発を重要視し、C社とD社はそれほどでもないことがうかがえます。両グループの売上高研究開発費率の差は、将来の（売上の増加・貸借対照表の特許権の計上金額の大幅な増加）として現れる可能性が高いです。研究開発は現時点ではコストなので会社にとっては重荷になりますが、長い目でみた場合大きな影響を与えます。株主の立場からみると、将来の株価の上昇を期待できるのは（A社とB社・C社とD社）のグループです。

主要企業の売上高研究開発費率の目安

百貨店	コンビニ	ドラッグ	電機メーカー	自動車	製薬
0.00%	0.00%	0.00%	6.07%	5.82%	20.35%

第6章　経営の効率を計る経費率分析

> **基本計算の解答**

$$売上高研究開発費率 = \frac{研究開発費\ 104,700}{売上高\ 3,082,637} \times 100 = 3.40\ (\%)$$

> **時系列比較問題　解答解説**
>
> （解答は順に、維持、重要視、売上の増加）
>
> 　売上高研究開発費率がほぼ横ばいということは、分母の売上の増減があっても、分子の研究開発費が一定額維持されている状態を表します。これは、A社が研究開発を重要視しているということで、一定額をかけ続けているとみられます。研究開発を続け、技術を確立することは、将来的に売上の増加をもたらします。なお、選択肢にある営業外収益は本業以外の収益です。当期の変化が一時的なものでなく、A社のスタンスが変わったとすれば、研究開発費が減額されていく可能性が高くなると考えられます。

> **同業他社比較問題　解答解説**
>
> （解答は順に、売上の増加、A社とB社）
>
> 　両グループの売上高研究開発費率の差は、将来の売上の差として現れる可能性が高いと思われます。貸借対照表に計上されている特許権は、特許を取得するためにかかった費用分しか含まれません。通常は申請費用のみで、特許の確立までにかかった研究開発費はすでにコストとして計上されてしまっており、特許権には含まれないのです。そのため、大幅な差としては現れることはありません。どんなにすごい特許権でも、現在の会計ルールのもとでは、貸借対照表に多額の金額として計上されることはないのです。

コラム●研究開発は多いほどいいのか

　研究開発というと会社の最も重要な部分で、コスト削減をしなければならない状況でも最後まで手をつけられることのない費用といわれています。技術中心の会社が多い日本では、研究開発費の多寡は重要な関心事の1つです。しかし、研究開発はコストをかけたから必ず成功するわけではありません。あくまで研究開発ですから、技術として確立するかどうかが一番の問題なのです。そうであれば、研究開発費をあまりかけずに、技術として確立するかどうかを一番に考えてみればいいということになりますが、確立できるかどうかは、かなりあいまいな判断にならざるを得ません。なお、実際に過去の統計からみると、売上高研究開発費率が高いほど業績がいいという結果が出ているようです。

借金を有効に活用できているか
❸ 売上高金融費用比率

公式

$$売上高金融費用比率 = \frac{金融費用}{売上高} \quad (\%)$$

指標の判断

売上高金融費用比率が低いほど、効率がいい会社となる。
同業他社、過年度と比較して低いケースが望ましい。

指標の解説

　売上高金融費用比率は、債権者から資金調達したコストである支払利息に代表される金融費用を分子に、会社の営業活動の大きさである売上高を分母におきます。売上と有利子負債との間には、はっきりとした関係はあるわけではありません。では売上高金融費用比率はどのようにして使うのでしょうか。分解して考えてみましょう。

$$\underset{(売上高金融費用比率)}{\frac{金融費用}{売上高}} = \underset{(有利子負債利子率)}{\frac{金融費用}{有利子負債}} \times \underset{(有利子負債依存度)}{\frac{有利子負債}{総資本}} \div \underset{(総資本回転率)}{\frac{売上高}{総資本}}$$

　売上高金融費用比率を低くするには、有利子負債利子率を下げるか、有利子負債依存度を下げるか、総資本回転率を上げるかのいずれかになります。有利子負債利子率を下げるには、できるだけ金利を下げることが必要です。有利子負債依存度を下げるには、返済していくことです。総資本回転率を上げるには、できるだけ集めた資金を使っていくことになります。依存度が高くても、総資本回転率が高ければ売上高金融費用比率は下がります。また有利子負債が多くても、それ以上に売上をあげて有効活用すれば問題ありません。分析指標を分解することによって、有利子負債へのスタンスを知ることもできるのです。

A社の決算書

連結貸借対照表 (20XX年3月31日現在) (単位：百万円)

資産の部		負債の部	
流動資産		流動負債	
現金及び預金	221,110	支払手形及び買掛金	521,647
受取手形及び売掛金	402,996	短期借入金	155,456
棚卸資産	492,574	コマーシャルペーパー	150,000
その他	195,080	未払費用	180,295
流動資産計	1,311,760	その他	237,682
固定資産		流動負債計	1,245,080
（有形固定資産）	982,016	固定負債	
建物及び構築物	402,506	社債	250,000
機械装置及び運搬具	371,544	長期借入金	227,126
工具機器及び備品	63,261	その他	23,994
土地	101,250	固定負債計	501,120
建設仮勘定	32,750	負債合計	1,746,200
その他	10,705	純資産の部	
（無形固定資産）	87,234	資本金	205,000
ソフトウェア	52,750	資本剰余金	270,536
その他	34,484	利益剰余金	515,214
（投資その他の資産）	315,090	株主資本合計	990,750
投資有価証券	171,596	その他の包括利益累計額	-63,506
その他	143,494	少数株主持分	22,656
固定資産計	1,384,340	純資産合計	949,900
資産合計	2,696,100	負債・純資産合計	2,696,100

←当期の営業活動の大きさ

←有利子負債のコスト

連結損益計算書 (単位：百万円)
(20XX年4月1日から20YY年3月31日)

売上高	3,082,637
売上原価	2,465,452
売上総利益	617,185
販売費及び一般管理費	531,820
給料及び手当	245,025
広告宣伝費	10,154
研究開発費	104,700
その他	171,941
営業利益	85,365
営業外収益	16,523
受取利息及び配当金	2,375
持ち分法による投資利益	10,684
その他	3,464
営業外費用	36,308
支払利息	8,050
その他	28,258
経常利益	65,580
特別利益	1,554
特別損失	23,015
税金等調整前当期純利益	44,119
法人税、住民税及び事業税	22,972
法人税等調整額	-6,424
少数株主利益	1,809
当期純利益	25,762

連結キャッシュフロー計算書 (単位：百万円)
(20XX年4月1日から20YY年3月31日)

営業活動によるキャッシュフロー	
税金等調整前当期純利益	44,119
減価償却費	112,281
売上債権の増減額	28,762
棚卸資産の増減額	-63,599
仕入債務の増減額	-4,675
その他	43,121
営業活動によるキャッシュフロー	160,009
投資活動によるキャッシュフロー	
有形固定資産の取得による支出	-175,724
無形固定資産の取得による支出	-3,120
その他	-47,295
投資活動によるキャッシュフロー	-226,139
財務活動によるキャッシュフロー	
短期借入金の純増減額	34,775
長期借入れによる収入	90,665
長期借入金の返済による支出	-47,051
社債の発行による収入	5,000
配当金の支払額	-10,525
その他	-83,309
財務活動によるキャッシュフロー	-10,445
現金増減額	-76,575
期首現金残高	297,685
期末現金残高	221,110

Q 基本計算　A社の売上高金融費用比率を求めましょう。

$$売上高金融費用比率 = \frac{金融費用 \boxed{}}{売上高 \boxed{}} \times 100 = \boxed{} (\%)$$

Q 時系列比較にチャレンジ

当期の売上高金融費用比率を記入し、（　）内の選択肢を選んでください。

過年度財務指標

5期前	4期前	3期前	2期前	当期
0.25%	0.29%	0.32%	0.28%	％

　当期も含めて5期間ほぼ横ばいの状況です。これはA社が（ROE・有利子負債利子率）をうまくコントロールしているか、有利子負債依存度を（減少させて・一定にして）いることが原因です。有利子負債はうまく活用していくことがポイントです。借金は悪といって、有利子負債の返済を最優先に考えてしまうと、投資のタイミングを逃すこともあります。利益があげられる状況では有利子負債を使い、利益があげにくい状況では（返済を優先・追加の借入を）して、売上高金融費用比率を横ばいに保つことが重要です。有利子負債をうまく使えば、会社の発展に大きく寄与します。

Q 同業他社比較にチャレンジ

A社の売上高金融費用比率を記入し、（　）内の選択肢を選んでください。

同業他社財務指標

A社	B社	C社	D社
％	0.32%	0.45%	0.39%

　A社、B社に比べて、C社、D社は売上高金融費用比率が高くなっています。利子率が高いか有利子負債依存度が（高い・低い）ことが原因です。C社、D社は有利子負債を効率的に使えていれば問題ありません。しかし、支払利息分がコストに上積みされるためA社、B社と比べると不利になります。C社、D社の利益の状況を把握するため、利益率をみる必要がありますが（売上高営業利益率・売上高当期純利益率）を使うのがよいでしょう。

主要企業の売上高金融費用比率の目安

百貨店	コンビニ	ドラッグ	電機メーカー	自動車	製薬
0.14%	0.22%	0.04%	0.32%	0.09%	0.09%

> **基本計算の解答**

$$売上高金融費用比率 = \frac{金融費用\ 8{,}050}{売上高\ 3{,}082{,}637} \times 100 = 0.26\ (\%)$$

＊金融費用には、損益計算書の「支払利息」を入れます

> **時系列比較問題　解答解説**

（解答は順に、有利子負債利子率、一定にして、返済を優先）

　横ばいの状況が続いているということは、利子率をうまくコントロールしているか、依存度を一定にしているということです。A社はうまく有利子負債を活用していると判断できます。ROEは当期純利益が分子ですから、有利子負債には関係ありません。また、依存度を減少させると売上高金融費用比率は一般的には下がります。依存度が下がるということは、有利子負債の残高が減少するということですから、信用状態がよくなり、利子率が下がることもよくあります。有利子負債はうまく活用していくことがポイントです。利益があげにくい状況なら、返済を優先して、売上高金融費用比率を横ばいに保つことが重要でしょう。

> **同業他社比較問題　解答解説**

（解答は順に、高い、売上高営業利益率）

　C社、D社の売上高金融費用比率が高い原因は、利子率が高いか依存度が高いことにあります。売上高金融費用比率が高くても、利益をあげることができていれば問題はありません。売上高営業利益率をあわせてみることによって、C社、D社の利益の状況を把握しておく必要があります。売上高当期純利益率は金融費用を差し引いた残りの利益です。本業の利益率である売上高営業利益率のほうをみるべきでしょう。

コラム●有利子負債の多い会社は悪い会社か

　有利子負債というと何やらマイナスのイメージがつきまといます。経営破綻した会社が出てくると、必ず有利子負債の残高が新聞に掲載されます。そんなに借金があったらしょうがないな、といって納得してしまう人も多いのではないでしょうか。実は、有利子負債が多くても、利益をしっかりと稼いでいれば返済できるので問題にはなりません。稼げなくなった会社にとって重荷なのです。分解式でいえば、総資本回転率を上げ、有利子負債を活用して売上をあげて利益を稼ぎ出せば、返済にも利息の支払いにも問題はありません。有利子負債の残高だけではなく、他の指標もみたうえで評価をすべきです。

第7章
指標同士の関連を知る

1　分析指標の「つながり」をみることが重要

　ここまで分析指標を個別に解説し、それぞれ時系列分析、同業他社分析についてもみてきました。分析指標は単独でも会社の実態を知る手掛かりになるのですが、複数の分析指標を組み合わせてみていくと、会社の実態がよりはっきりとみえてくることがあります。分析指標同士をつなげてみることによって、財務分析の効果がさらに上がる可能性が高くなるのです。

　また、各年の決算書はそれぞれつながっていますから、収益性分析に悪化傾向がみられた場合、次ページのような連関性をみせます。安全性分析に悪化傾向がみられた場合も、次ページのように連関しています。

　7章では、ここまで計算問題で使用したA社の分析指標の時系列比較を用いて、そこから分析指標同士を連関させる手法について解説します。そのうえで、ケーススタディとしてX社の決算書を用いて実際の計算に取り組んでもらい、分析指標同士の連関を学んでいただきます。

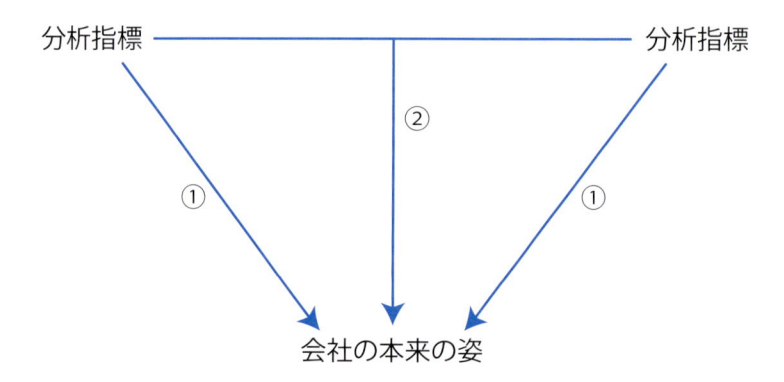

```
分析指標 ──────────────── 分析指標
         ＼      │      ／
          ＼    ②     ／
          ①           ①
            ＼  │  ／
             ＼ │ ／
          会社の本来の姿
```

　単独の分析指標だけでは、会社の本来の姿がある角度からしかみえないことがよくあります（図の①）。分析指標同士を組み合わせてみていくことで、会社の本来の姿が多面的に浮かび上がってくるのです（図の①＋②）。

　それでは、実際の分析指標を使って、具体的に分析指標同士を組み合わせてみましょう。

A社分析指標まとめ

	5期前	4期前	3期前	2期前	当期
売上総利益率	22.80%	22.09%	15.97%	19.10%	20.02%
売上高営業利益率	5.96%	5.37%	－1.95%	1.88%	2.77%
売上高当期純利益率	3.25%	2.98%	－4.42%	0.16%	0.84%
ROA	6.50%	6.21%	－1.87%	1.95%	3.65%
ROE	8.58%	7.99%	－11.19%	0.40%	2.60%
総資本回転率	1.05回	1.11回	1.06回	0.97回	1.14回
流動比率	120.6%	114.8%	109.4%	115.8%	105.4%
固定長期適合率	81.8%	85.1%	87.8%	85.4%	92.8%
株主資本比率	39.9%	41.5%	41.8%	39.1%	36.7%
インタレストカバレッジレシオ	25.2倍	19.2倍	－5.5倍	7.1倍	12.2倍
棚卸資産回転期間	50.84日	48.52日	51.28日	54.47日	58.32日
売上債権回転期間	61.62日	53.74日	44.32日	58.26日	47.72日
仕入債務回転期間	87.67日	77.07日	57.29日	73.42日	61.77日
総資本対営業CF比率	10.6%	10.5%	0.9%	10.7%	5.9%
設備投資対営業CF比率	93.7%	112.1%	934.9%	73.4%	111.8%
有利子負債対営業CF比率	1.80倍	2.03倍	31.70倍	2.61倍	4.89倍
売上高人件費率	6.31%	7.86%	8.07%	7.88%	7.95%
売上高研究開発費率	4.47%	4.28%	5.11%	4.23%	3.40%
売上高金融費用比率	0.25%	0.29%	0.32%	0.28%	0.26%

　上記の分析指標は、本書に登場したA社の分析指標を時系列に一覧表としてまとめたものです。このように並べると、確かにデータ量としては豊富になりますが、どこから分析を始めてよいか、わからなくなってしまいます。

　そこで、いくつかの指標をピックアップして、それぞれのつながりをみながら徐々に連関を広げていく必要があります。いっぺんにテーブルの上に載せるのではなく、ひとつひとつ紐解いていきましょう。

　まずは、会社にとって一番大事な、本業を中心とした収益性分析を柱にすえてみていくことにしましょう。会社の本業は、会社の利益の源泉ですし、屋台骨ですから、過去から現在にかけてどのように変化しているのかをみていく必要があります。特に、回転期間分析との連関によって本業の状態をよくみることができます。これに、経費率分析、安全性分析、キャッシュフロー分析を加えていき、会社の財務状態やキャッシュフローの状態をみていくことになります。

> ①収益性分析指標を中心とした連関をまず押さえる
> ②そこに、回転期間分析指標を加える
> ③さらに安全性分析指標、経費率分析指標、キャッシュフロー分析指標を加える

2　まず、稼ぐ力をチェックする

A社分析指標まとめ

	5期前	4期前	3期前	2期前	当期
売上総利益率	22.80%	22.09%	15.97%	19.10%	20.02%
売上高営業利益率	5.96%	5.37%	－1.95%	1.88%	2.77%
売上高当期純利益率	3.25%	2.98%	－4.42%	0.16%	0.84%
ROA	6.50%	6.21%	－1.87%	1.95%	3.65%
ROE	8.58%	7.99%	－11.19%	0.40%	2.60%
総資本回転率	1.05回	1.11回	1.06回	0.97回	1.14回
流動比率	120.6%	114.8%	109.4%	115.8%	105.4%
固定長期適合率	81.8%	85.1%	87.8%	85.4%	92.8%
株主資本比率	39.9%	41.5%	41.8%	39.1%	36.7%
インタレストカバレッジレシオ	25.2倍	19.2倍	－5.5倍	7.1倍	12.2倍
棚卸資産回転期間	50.84日	48.52日	51.28日	54.47日	58.32日
売上債権回転期間	61.62日	53.74日	44.32日	58.26日	47.72日
仕入債務回転期間	87.67日	77.07日	57.29日	73.42日	61.77日
総資本対営業CF比率	10.6%	10.5%	0.9%	10.7%	5.9%
設備投資対営業CF比率	93.7%	112.1%	934.9%	73.4%	111.8%
有利子負債対営業CF比率	1.80倍	2.03倍	31.70倍	2.61倍	4.89倍
売上高人件費率	6.31%	7.86%	8.07%	7.88%	7.95%
売上高研究開発費率	4.47%	4.28%	5.11%	4.23%	3.40%
売上高金融費用比率	0.25%	0.29%	0.32%	0.28%	0.26%

売上総利益率　　5期間　低下傾向
　　　　　　　　　5期前　22.80%　→　当期　20.02%
　　　　　　　　　　　　　マイナス2.78ポイント
　　　　　　　　　3期前に大きく落ちこむが回復傾向

棚卸資産回転期間　5期間　長期化
　　　　　　　　　5期前　50.84日　→　当期　58.32日
　　　　　　　　　　　　　7.48日長期化

●指標をチェック！

　最初に、本業に関係する分析指標をみていく必要があります。本業に関係する指標といえば売上総利益率と棚卸資産回転期間です。5期間の動きを追ってみましょう。

　売上総利益率は、5期前22.80％から当期の20.02％と低下傾向で、この5期間で2.78ポイント低下しています。3期前に15.97％と大きく落ち込んだのですが、当期までの3期間は回復傾向にあります。

　一方、棚卸資産回転期間は、5期前50.84日から当期の58.32日に長期化傾向で、この5期間で7.48日長期化しています。特に3期前から長期化傾向が鮮明になってきています。

●指標から会社のようすを知る

　売上総利益率の低下傾向と棚卸資産回転期間の長期化傾向から何がみえてくるのでしょうか。棚卸資産回転期間が長期化するということは、棚卸資産が売れにくくなり、会社内に在庫としてたまってきている状態です。売上総利益率が低下しているということは、価格競争に陥っている状態と考えられます。

　ここからみえてくるのは、①棚卸資産が増加し、値引き販売をせざるを得なくなった状態か、②業界内での競争が激しくなり値引き販売をしたが、売れ行きが芳しくなく、在庫が増えてしまった状態——という2通りです。

　いずれのケースにしても本業の不振は明らかで、単に売上総利益率が低下して価格競争に入っている状態より、さらに悪いということがみえてくるのです。

　　売上総利益率の低下　　　　　　棚卸資産回転期間の長期化

①在庫が増加し値引き販売をしなければならない状態
②値引き販売をしたが、売れ行きが芳しくなく、在庫が増加した状態

どちらにしても、単なる価格競争に陥っている状態よりも悪い状態で、
本業の状態がかなり悪化している可能性が高い

3　本業の分析をさらに掘り下げる

A社分析指標まとめ

	5期前	4期前	3期前	2期前	当期
売上総利益率	22.80%	22.09%	15.97%	19.10%	20.02%
売上高営業利益率	5.96%	5.37%	－1.95%	1.88%	2.77%
売上高当期純利益率	3.25%	2.98%	－4.42%	0.16%	0.84%
ＲＯＡ	6.50%	6.21%	－1.87%	1.95%	3.65%
ＲＯＥ	8.58%	7.99%	－11.19%	0.40%	2.60%
総資本回転率	1.05回	1.11回	1.06回	0.97回	1.14回
流動比率	120.6%	114.8%	109.4%	115.8%	105.4%
固定長期適合率	81.8%	85.1%	87.8%	85.4%	92.8%
株主資本比率	39.9%	41.5%	41.8%	39.1%	36.7%
インタレストカバレッジレシオ	25.2倍	19.2倍	－5.5倍	7.1倍	12.2倍
棚卸資産回転期間	50.84日	48.52日	51.28日	54.47日	58.32日
売上債権回転期間	61.62日	53.74日	44.32日	58.26日	47.72日
仕入債務回転期間	87.67日	77.07日	57.29日	73.42日	61.77日
総資本対営業CF比率	10.6%	10.5%	0.9%	10.7%	5.9%
設備投資対営業CF比率	93.7%	112.1%	934.9%	73.4%	111.8%
有利子負債対営業CF比率	1.80倍	2.03倍	31.70倍	2.61倍	4.89倍
売上高人件費率	6.31%	7.86%	8.07%	7.88%	7.95%
売上高研究開発費率	4.47%	4.28%	5.11%	4.23%	3.40%
売上高金融費用比率	0.25%	0.29%	0.32%	0.28%	0.26%

売上総利益率　　　5期間　低下傾向
　　　　　　　　　　5期前　22.80%　→　当期　20.02%
　　　　　　　　　　　　　マイナス2.78ポイント

売上高営業利益率　5期間　低下傾向
　　　　　　　　　　5期前　5.96%　→　当期　2.77%
　　　　　　　　　　　　　マイナス3.19ポイント

売上高人件費率　　5期間　上昇傾向
　　　　　　　　　　5期前　6.31%　→　当期　7.95%
　　　　　　　　　　　　　プラス1.64ポイント

●指標をチェック！

　本業に関係する分析指標をさらに深く掘り下げます。本業では販売費及び一般管理費（販管費）は必要不可欠になってくるので、売上総利益率と売上高営業利益率の関係が過去から現在にかけてどのように変化しているのかみていく必要があります。さらに経費率の中でもウエートが高くなってくる売上高人件費率の動きをみてみましょう。

　売上高営業利益率は、5期前5.96％から当期の2.77％と低下傾向で、この5期間で3.19ポイント低下しています。売上総利益率は同期間で2.78ポイント低下していますから、落ち込みは大きくなります。3期前にマイナス1.95％と大きく落ち込んだのですが、当期までの2期間は回復傾向にあります。

　売上高人件費率は5期前6.31％から当期の7.95％と上昇傾向にあり、この5期間で1.64ポイント悪化しています。特に3期前から上昇傾向が鮮明になってきています。

●指標から会社のようすを知る

　売上総利益率の5期間の落ち込み幅2.78ポイントと売上高営業利益率の5期間の落ち込み幅3.19ポイントを比較してみると、売上高営業利益率の落ち込み幅の方が大きいことがわかります。両者の違いは販管費を含むかどうかです。売上に対する販管費の比率が上昇したということは、売上が横ばいか上がっている状態で想定以上に販管費がかかっているか、売上が下がっている状態で販管費の削減がうまくいかなかったことが考えられます。

　さらに売上高人件費率をみてみると5期間で1.64ポイント上昇しています。これは、売上に対する人件費の比率が上がっているということですから、販管費上昇の原因はほとんどが売上高人件費率の上昇によるものと考えられます。①人員増や残業代の増加により人件費が増加したか、②過剰な人員が発生してしまった──のいずれかが考えられます。

　いずれのケースにしても、人件費が重荷になっていることは間違いありません。会社にとっては頭の痛い問題で、解決までには時間がかかりそうです。そうなると、短期的に営業利益をあげるために、販管費の中にある本来必要なコストを削減してしまう危険性があり、将来の売上減につながりかねません。売上高営業利益率の低下の原因分析をすると状態は想像以上に悪化していることがみえてきます。

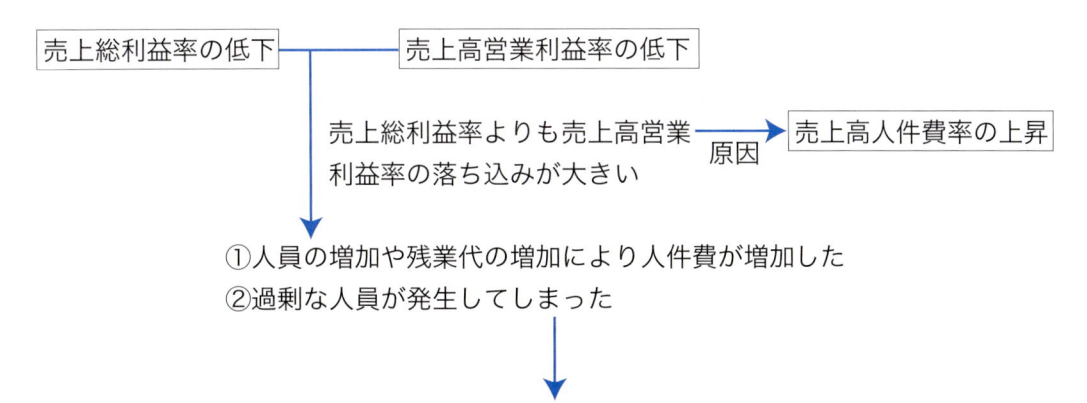

```
┌─────────────────┐   ┌─────────────────┐
│ 売上総利益率の低下 │───│売上高営業利益率の低下│
└─────────────────┘   └─────────────────┘
                           │
              売上総利益率よりも売上高営業      ┌─────────────────┐
              利益率の落ち込みが大きい  ──原因─→│ 売上高人件費率の上昇 │
                           │                └─────────────────┘
                           ↓
     ①人員の増加や残業代の増加により人件費が増加した
     ②過剰な人員が発生してしまった
                           │
                           ↓
```

問題の解決までには時間がかかりそう。短期的に営業利益を計上したいがために必要なコストを削減してしまう危険性も

4 「投資とリターン」への影響を探る

A社分析指標まとめ

	5期前	4期前	3期前	2期前	当期
売上総利益率	22.80%	22.09%	15.97%	19.10%	20.02%
売上高営業利益率	5.96%	5.37%	－1.95%	1.88%	2.77%
売上高当期純利益率	3.25%	2.98%	－4.42%	0.16%	0.84%
ROA	6.50%	6.21%	－1.87%	1.95%	3.65%
ROE	8.58%	7.99%	－11.19%	0.40%	2.60%
総資本回転率	1.05回	1.11回	1.06回	0.97回	1.14回
流動比率	120.6%	114.8%	109.4%	115.8%	105.4%
固定長期適合率	81.8%	85.1%	87.8%	85.4%	92.8%
株主資本比率	39.9%	41.5%	41.8%	39.1%	36.7%
インタレストカバレッジレシオ	25.2倍	19.2倍	－5.5倍	7.1倍	12.2倍
棚卸資産回転期間	50.84日	48.52日	51.28日	54.47日	58.32日
売上債権回転期間	61.62日	53.74日	44.32日	58.26日	47.72日
仕入債務回転期間	87.67日	77.07日	57.29日	73.42日	61.77日
総資本対営業CF比率	10.6%	10.5%	0.9%	10.7%	5.9%
設備投資対営業CF比率	93.7%	112.1%	934.9%	73.4%	111.8%
有利子負債対営業CF比率	1.80倍	2.03倍	31.70倍	2.61倍	4.89倍
売上高人件費率	6.31%	7.86%	8.07%	7.88%	7.95%
売上高研究開発費率	4.47%	4.28%	5.11%	4.23%	3.40%
売上高金融費用比率	0.25%	0.29%	0.32%	0.28%	0.26%

ROA　　　　　　5期間　低下傾向
　　　　　　　　5期前　6.50%　→　当期　3.65%
　　　　　　　　　　　　マイナス2.85ポイント

総資本回転率　　5期間　横ばい
　　　　　　　　5期前　1.05回　→　当期　1.14回
　　　　　　　　　　　　ほぼかわらず

ROE　　　　　　5期間　低下傾向
　　　　　　　　5期前　8.58%　→　2.60%
　　　　　　　　　　　　マイナス5.98ポイント

●指標をチェック！

次に収益性分析指標の中のROA、ROE、総資本回転率をみていきます。利幅追求モデルや薄利多売モデルといった基本モデルを使って、投資とリターンの関係から分析指標をみていきましょう。

ROAは、5期前6.50％から当期の3.65％と低下傾向で、この5期間で2.85ポイント低下しています。売上高営業利益率は同期間で3.19ポイント低下しています。総資本回転率は5期前の1.05回から当期の1.14回とほぼ横ばいで推移しています。

ROEは5期前8.58％から当期の2.60％と大きく低下しており、この5期間で5.98ポイント悪化しています。

ROA、ROEともに3期前から回復傾向となり最悪期は脱しているようすがうかがえますが、いまだに回復途上といった状態と考えられます。

●指標から会社のようすを知る

ROAの分解を想定してみると、総資本回転率が当期で1.14回ということから利幅追求モデルであることがわかります。これは、売上高事業利益率ではなく、売上高営業利益率で簡便に判断しています。両者の違いは受取利息、受取配当金、持ち分法による投資損益を含むかどうかですから、それほど大きな違いは生じないと考えられます。

この利幅追求モデルの会社が、価格競争に入り込み、売上高営業利益率が低下してくれば、当然儲からなくなります。

ROAが低下するということは、経営者が利益をあげられなくなったことですから、その影響は当然株主にも波及します。その結果、ROEも低下することになります。

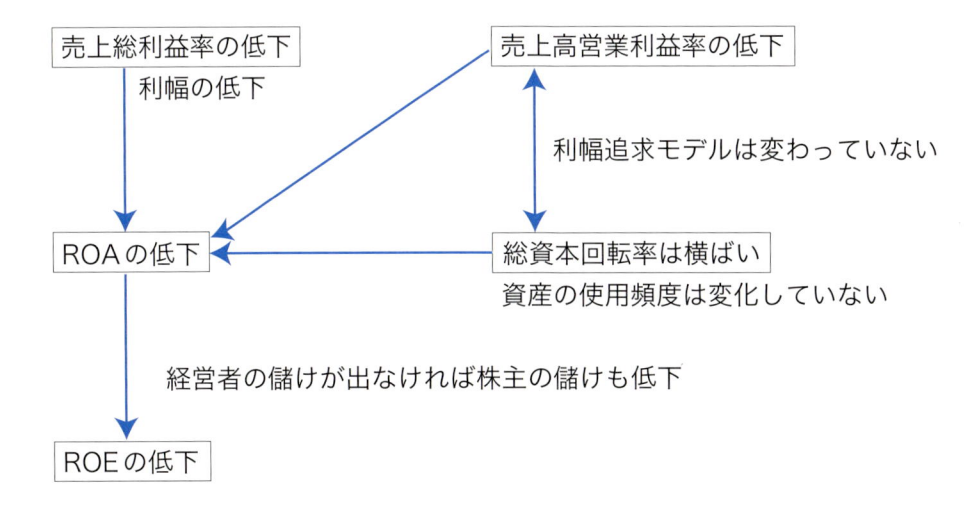

```
売上総利益率の低下 ──────→ 売上高営業利益率の低下
      利幅の低下                    ↕
                          利幅追求モデルは変わっていない
      ↓                              ↕
   ROAの低下 ←──── 総資本回転率は横ばい
                    資産の使用頻度は変化していない
      │
      │ 経営者の儲けが出なければ株主の儲けも低下
      ↓
   ROEの低下
```

5 キャッシュと安全性に問題はないか

A社分析指標まとめ

	5期前	4期前	3期前	2期前	当期
売上総利益率	22.80%	22.09%	15.97%	19.10%	20.02%
売上高営業利益率	5.96%	5.37%	－1.95%	1.88%	2.77%
売上高当期純利益率	3.25%	2.98%	－4.42%	0.16%	0.84%
ＲＯＡ	6.50%	6.21%	－1.87%	1.95%	3.65%
ＲＯＥ	8.58%	7.99%	－11.19%	0.40%	2.60%
総資本回転率	1.05回	1.11回	1.06回	0.97回	1.14回
流動比率	120.6%	114.8%	109.4%	115.8%	105.4%
固定長期適合率	81.8%	85.1%	87.8%	85.4%	92.8%
株主資本比率	39.9%	41.5%	41.8%	39.1%	36.7%
インタレストカバレッジレシオ	25.2倍	19.2倍	－5.5倍	7.1倍	12.2倍
棚卸資産回転期間	50.84日	48.52日	51.28日	54.47日	58.32日
売上債権回転期間	61.62日	53.74日	44.32日	58.26日	47.72日
仕入債務回転期間	87.67日	77.07日	57.29日	73.42日	61.77日
総資本対営業CF比率	10.6%	10.5%	0.9%	10.7%	5.9%
設備投資対営業CF比率	93.7%	112.1%	934.9%	73.4%	111.8%
有利子負債対営業CF比率	1.80倍	2.03倍	31.70倍	2.61倍	4.89倍
売上高人件費率	6.31%	7.86%	8.07%	7.88%	7.95%
売上高研究開発費率	4.47%	4.28%	5.11%	4.23%	3.40%
売上高金融費用比率	0.25%	0.29%	0.32%	0.28%	0.26%

流動比率
　　5期間　低下傾向
　　5期前　120.6%　→　当期　105.4%
　　　　　マイナス15.2ポイント

固定長期適合率
　　5期間　上昇傾向（悪化傾向）
　　5期前　81.8%　→　当期　92.8%
　　　　　11ポイント上昇

インタレストカバレッジレシオ
　　5期間　低下傾向
　　5期前　25.2倍　→　当期　12.2倍
　　　　　13倍低下

有利子負債対営業CF比率
　　5期間　上昇傾向（悪化傾向）
　　5期前　1.80倍　→　当期4.89倍
　　　　　3.09倍悪化

●有利子負債の動向をみる

　ここまで、収益性分析の指標が悪化してきており、A社が儲かりにくくなっていることがわかってきました。これらが安全性分析指標、キャッシュフロー分析指標にどのような影響を与えているのかをみていきます。

　有利子負債対営業CF比率は、5期前1.80倍から当期の4.89倍とこの5期間で3.09倍悪化しています。インタレストカバレッジレシオも5期前の25.2倍から当期12.2倍と、この5期間で13倍低下しています。両比率ともすぐに問題が生じる状態ではありませんが悪化傾向は気になります。これは、本業が儲かりにくくなったため、会社内に資金が不足し、有利子負債による資金調達が行われていると考えられます。

　実際の分析場面では、分析指標だけではなく貸借対照表上に計上されている有利子負債の金額の動向もあわせてみてください。会社内での資金が不足した場合、手始めとして短期借入金に頼ることがほとんどです。金利も低いし、経営者が短期的に返済できると判断するからです。

●安全性にも影響が

　流動比率は5期前の120.6％から当期の105.4％と低下傾向です。固定長期適合率も5期前の81.8％から当期の92.8％へ悪化しています。特に2期前と当期の悪化傾向が顕著なことから、当期に短期借入金による資金調達が行われたと判断できます。

　この収益性分析指標の悪化が向こう何年間か続くような見通しだと、資金不足がさらに拡大し、有利子負債が増加していきます。有利子負債の増大が続いていくと、当然、金利は上昇して資金調達コストが上がり、一気に安全性分析指標が悪化してきます。

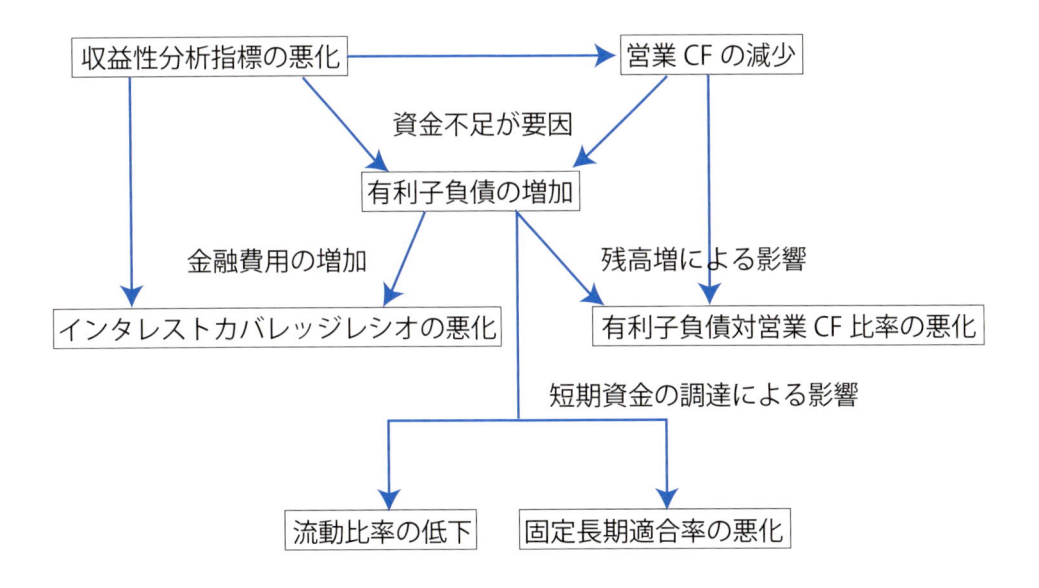

```
収益性分析指標の悪化 ────────────→ 営業CFの減少
        │         資金不足が要因        │
        │              ↓                │
        │         有利子負債の増加 ←────┘
        │        ／    │    ＼
        │ 金融費用の増加│     残高増による影響
        ↓              │              ↓
インタレストカバレッジレシオの悪化    有利子負債対営業CF比率の悪化
                       │
              短期資金の調達による影響
                  ／        ＼
         流動比率の低下    固定長期適合率の悪化
```

6 将来への備えはできているか

A社分析指標まとめ

	5期前	4期前	3期前	2期前	当期
売上総利益率	22.80%	22.09%	15.97%	19.10%	20.02%
売上高営業利益率	5.96%	5.37%	－1.95%	1.88%	2.77%
売上高当期純利益率	3.25%	2.98%	－4.42%	0.16%	0.84%
ROA	6.50%	6.21%	－1.87%	1.95%	3.65%
ROE	8.58%	7.99%	－11.19%	0.40%	2.60%
総資本回転率	1.05回	1.11回	1.06回	0.97回	1.14回
流動比率	120.6%	114.8%	109.4%	115.8%	105.4%
固定長期適合率	81.8%	85.1%	87.8%	85.4%	92.8%
株主資本比率	39.9%	41.5%	41.8%	39.1%	36.7%
インタレストカバレッジレシオ	25.2倍	19.2倍	－5.5倍	7.1倍	12.2倍
棚卸資産回転期間	50.84日	48.52日	51.28日	54.47日	58.32日
売上債権回転期間	61.62日	53.74日	44.32日	58.26日	47.72日
仕入債務回転期間	87.67日	77.07日	57.29日	73.42日	61.77日
総資本対営業CF比率	10.6%	10.5%	0.9%	10.7%	5.9%
設備投資対営業CF比率	93.7%	112.1%	934.9%	73.4%	111.8%
有利子負債対営業CF比率	1.80倍	2.03倍	31.70倍	2.61倍	4.89倍
売上高人件費率	6.31%	7.86%	8.07%	7.88%	7.95%
売上高研究開発費率	4.47%	4.28%	5.11%	4.23%	3.40%
売上高金融費用比率	0.25%	0.29%	0.32%	0.28%	0.26%

設備投資対営業CF比率　　5期間　変動ありも方向は変わらず
　　　　　　　　　　　　　　5期前　93.7%　→　当期　111.8%
　　　　　　　　　　　　　　　　　　プラス18.1ポイント

売上高研究開発費率　　　5期間　大きな変動なし
　　　　　　　　　　　　　　5期前　4.47%　→　3.40%
　　　　　　　　　　　　　　　　1.07ポイントマイナスも大きな変化はなし

● **指標をチェック！**

収益性分析指標の悪化が、さまざまな分析指標に影響を及ぼしていることがわかってきました。それでは次に、将来への投資にどのような影響を与えていくのかをみていきましょう。

設備投資対営業CF比率は、5期前93.7％から当期の111.8％と上昇傾向で、設備投資への影響はほとんどないと考えられます。売上高研究開発費率は、5期前4.47％から当期の3.40％とほとんど変化はなく、研究開発投資は続けられていることがわかります。

● **指標から会社のようすを知る**

会社が儲かりにくくなると、さまざまなコストダウンがなされたり、投資案件が凍結されたりします。資金が不足しているのだから当然だ、という意見もあるかと思いますが、将来のことを考えていくと、どのコストを削るのか、どの設備投資を凍結するのかは非常に重要な判断になります。

特に研究開発を会社の収益力の源泉と考えている会社が、売上高研究開発費率を低下させていくと将来の収益に大きな影響を与えます。また、設備投資も何でもかんでも凍結というわけではなく、優先順位をつけて対応すべきです。研究開発や設備投資を凍結してしまうと、その時はいいのですが、将来の稼ぐ力の低下（収益性分析指標の悪化）として跳ね返ってきてしまい、同じような負のスパイラルに陥る危険性があります。

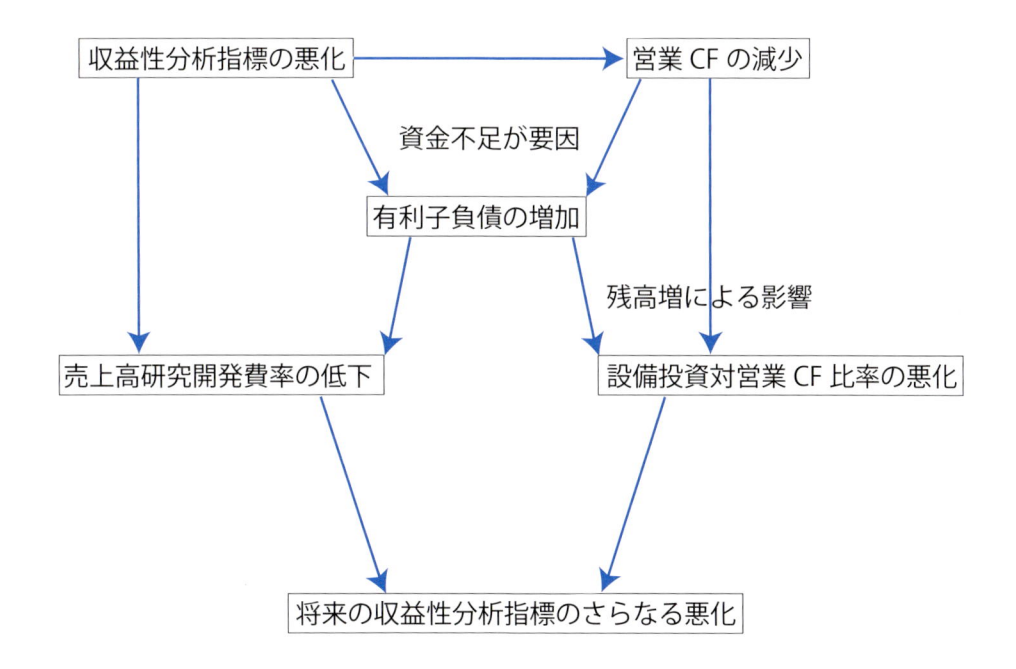

```
収益性分析指標の悪化 ─────────→ 営業CFの減少
        │         資金不足が要因      │
        │            ↓               │
        │        有利子負債の増加      │
        │            │    残高増による影響
        ↓            ↓               ↓
売上高研究開発費率の低下       設備投資対営業CF比率の悪化
        │                           │
        ↓                           ↓
        将来の収益性分析指標のさらなる悪化
```

> 本書で取り上げた指標の連関図を次ページに掲載しました。また、P123に掲載したX社の財務指標を使って、P124〜P125の演習問題にチャレンジしてください。

第7章　指標同士の関連を知る

●分析指標同士の関係・まとめ図

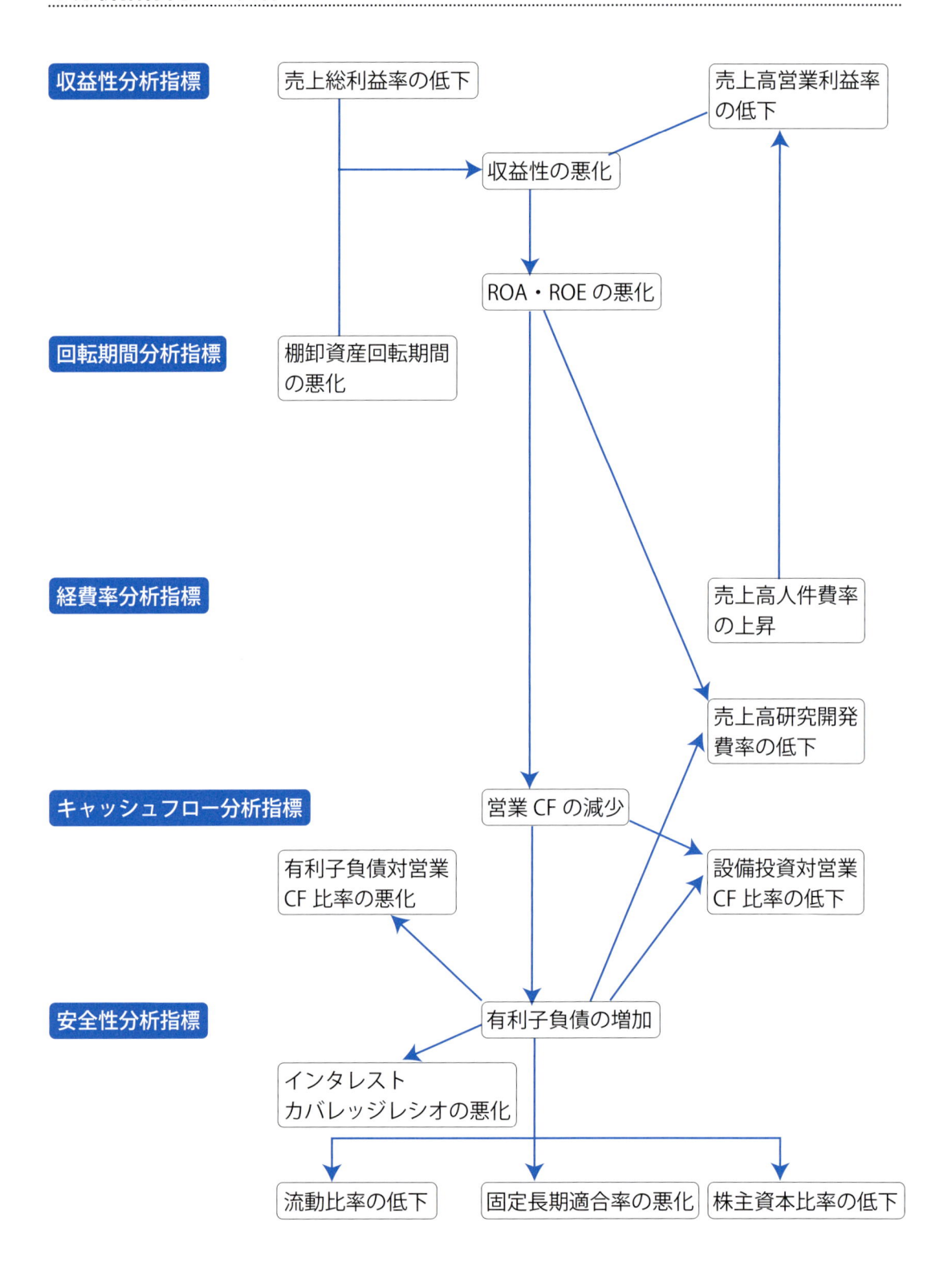

収益性分析指標

- 売上総利益率の低下
- 売上高営業利益率の低下
- 収益性の悪化
- ROA・ROEの悪化

回転期間分析指標

- 棚卸資産回転期間の悪化

経費率分析指標

- 売上高人件費率の上昇
- 売上高研究開発費率の低下

キャッシュフロー分析指標

- 営業CFの減少
- 有利子負債対営業CF比率の悪化
- 設備投資対営業CF比率の低下

安全性分析指標

- 有利子負債の増加
- インタレストカバレッジレシオの悪化
- 流動比率の低下
- 固定長期適合率の悪化
- 株主資本比率の低下

X社決算書を使って次ページからの演習問題にチャレンジ！

連結貸借対照表（20XX年3月31日現在）（単位：百万円）

資産の部		負債の部	
流動資産		流動負債	
現金及び預金	170,228	支払手形及び買掛金	208,111
受取手形及び売掛金	154,498	短期借入金	79,447
棚卸資産	197,011	1年内返済予定の社債	20,100
その他	298,692	1年内返済予定長期借入金	93,905
		その他	240,754
流動資産計	820,429	流動負債計	642,317
固定資産		固定負債	
（有形固定資産）	786,221	社債	95,750
建物及び構築物	139,131	長期借入金	379,519
機械装置及び運搬具	155,174	その他	223,642
リース資産	14,510	固定負債計	698,911
土地	430,367	負債合計	1,341,228
建設仮勘定	32,115	純資産の部	
その他	14,924	資本金	186,500
		資本剰余金	170,192
（無形固定資産）	20,104	利益剰余金	12,893
		株主資本合計	369,585
（投資その他の資産）	145,013	その他の包括利益累計額	59,687
		少数株主持分	1,267
固定資産計	951,338	純資産合計	430,539
資産合計	1,771,767	負債・純資産合計	1,771,767

注：演習用のため、重要性の乏しい勘定科目については扱っていない場合もある。

連結損益計算書（単位：百万円）
（20XX年4月1日から20YY年3月31日）

売上高	2,325,689
売上原価	1,863,678
売上総利益	462,011
販売費及び一般管理費	438,176
給料及び諸手当	95,413
研究開発費	93,961
その他	248,802
営業利益	23,835
営業外収益	30,583
受取利息及び配当金	2,488
持ち分法による投資利益	13,799
その他	14,296
営業外費用	17,556
支払利息	11,840
その他	5,716
経常利益	36,862
特別利益	1,744
特別損失	22,525
税金等調整前当期純利益	16,081
法人税、住民税及び事業税	16,664
当期純利益	－583

連結キャッシュフロー計算書（単位：百万円）
（20XX年4月1日から20YY年3月31日）

営業活動によるキャッシュフロー	
税金等調整前当期純利益	16,081
減価償却費	71,576
売上債権の増減額	20,679
棚卸資産の増減額	4,763
仕入債務の増減額	－61,124
その他	－36,631
営業活動によるキャッシュフロー	15,344
投資活動によるキャッシュフロー	
有形固定資産の取得による支出	－30,149
無形固定資産の取得による支出	－2,100
その他	18,532
投資活動によるキャッシュフロー	－13,717
財務活動によるキャッシュフロー	
短期借入金の純増減額	11,605
長期借入れによる収入	30,000
長期借入金の返済による支出	－49,309
配当金の支払い額	－15,311
その他	8,655
財務活動によるキャッシュフロー	－14,360
現金増減額	－12,733
期首現金残高	335,582
期末現金残高	322,849

演習問題：P123にあるX社の分析指標を計算式に沿って計算してください。

① 売上総利益率

$$売上総利益率 = \frac{売上総利益}{売上高} \times 100 = \boxed{} \ (\%)$$

② 売上高営業利益率

$$売上高営業利益率 = \frac{営業利益}{売上高} \times 100 = \boxed{} \ (\%)$$

③ 売上高当期純利益率

$$売上高当期純利益率 = \frac{当期純利益}{売上高} \times 100 = \boxed{} \ (\%)$$

④ ROA

$$ROA = \frac{営業利益 + 受取利息・配当金 + 持ち分法による投資利益}{総資本} \times 100 = \boxed{} \ (\%)$$

⑤ ROE

$$ROE = \frac{当期純利益}{株主資本} \times 100 = \boxed{} \ (\%)$$

⑥ 流動比率

$$流動比率 = \frac{流動資産}{流動負債} \times 100 = \boxed{} \ (\%)$$

⑦ 固定長期適合率

$$固定長期適合率 = \frac{固定資産}{固定負債 + 株主資本} \times 100 = \boxed{} \ (\%)$$

⑧ 株主資本比率

$$株主資本比率 = \frac{株主資本}{総資本} \times 100 = \boxed{} \ (\%)$$

⑨ インタレストカバレッジレシオ

$$ICR = \frac{営業利益 + 受取利息・配当金 + 持ち分法による投資利益}{支払利息} = \boxed{} \ (倍)$$

⑩棚卸資産回転期間

$$\text{棚卸資産回転期間} = \frac{\text{棚卸資産}}{\text{売上高} \div 365} = \boxed{} \text{(日)}$$

⑪売上債権回転期間

$$\text{売上債権回転期間} = \frac{\text{受取手形及び売掛金}}{\text{売上高} \div 365} = \boxed{} \text{(日)}$$

⑫仕入債務回転期間

$$\text{仕入債務回転期間} = \frac{\text{支払手形及び買掛金}}{\text{売上高} \div 365} = \boxed{} \text{(日)}$$

⑬総資本対営業CF比率

$$\text{総資本対営業CF比率} = \frac{\text{営業CF}}{\text{総資本}} \times 100 = \boxed{} \text{(\%)}$$

⑭設備投資対営業CF比率

$$\text{設備投資対営業CF比率} = \frac{\text{設備投資}}{\text{営業CF}} \times 100 = \boxed{} \text{(\%)}$$

⑮有利子負債対営業CF比率

$$\text{有利子負債対営業CF比率} = \frac{\text{有利子負債}}{\text{営業CF}} = \boxed{} \text{(倍)}$$

⑯売上高人件費率

$$\text{売上高人件費率} = \frac{\text{人件費}}{\text{売上高}} \times 100 = \boxed{} \text{(\%)}$$

⑰売上高研究開発費率

$$\text{売上高研究開発費率} = \frac{\text{研究開発費}}{\text{売上高}} \times 100 = \boxed{} \text{(\%)}$$

⑱売上高金融費用比率

$$\text{売上高金融費用比率} = \frac{\text{金融費用}}{\text{売上高}} \times 100 = \boxed{} \text{(\%)}$$

演習問題解答

①売上総利益率

$$売上総利益率 = \frac{売上総利益\quad 462{,}011}{売上高\quad 2{,}325{,}689} \times 100 = 19.87\,(\%)$$

②売上高営業利益率

$$売上高営業利益率 = \frac{営業利益\quad 23{,}835}{売上高\quad 2{,}325{,}689} \times 100 = 1.02\,(\%)$$

③売上高当期純利益率

$$売上高当期純利益率 = \frac{当期純利益\quad -583}{売上高\quad 2{,}325{,}689} \times 100 = -0.03\,(\%)$$

④ROA

$$ROA = \frac{営業利益 + 受取利息・配当金 + 持ち分法による投資利益}{総資本\quad 1{,}771{,}767}$$
$$= \frac{23{,}835 + 2{,}488 + 13{,}799}{1{,}771{,}767} \times 100 = 2.26\,(\%)$$

⑤ROE

$$ROE = \frac{当期純利益\quad -583}{株主資本\quad 369{,}585} \times 100 = -0.16\,(\%)$$

⑥流動比率

$$流動比率 = \frac{流動資産\quad 820{,}429}{流動負債\quad 642{,}317} \times 100 = 127.7\,(\%)$$

⑦固定長期適合率

$$固定長期適合率 = \frac{固定資産\quad 951{,}338}{固定負債\quad 698{,}911 + 株主資本\quad 369{,}585} \times 100 = 89.0\,(\%)$$

⑧株主資本比率

$$株主資本比率 = \frac{株主資本\quad 369{,}585}{総資本\quad 1{,}771{,}767} \times 100 = 20.9\,(\%)$$

⑨インタレストカバレッジレシオ

$$ICR = \frac{営業利益 + 受取利息・配当金 + 持ち分法による投資利益}{支払利息\quad 11{,}840}$$
$$= \frac{23{,}835 + 2{,}488 + 13{,}799}{11{,}840} = 3.4\,(倍)$$

⑩棚卸資産回転期間

$$\text{棚卸資産回転期間} = \frac{\text{棚卸資産} \quad 197{,}011}{\text{売上高} \quad 2{,}325{,}689 \div 365} = 30.92 \text{（日）}$$

⑪売上債権回転期間

$$\text{売上債権回転期間} = \frac{\text{受取手形及び売掛金} \quad 154{,}498}{\text{売上高} \quad 2{,}325{,}689 \div 365} = 24.25 \text{（日）}$$

⑫仕入債務回転期間

$$\text{仕入債務回転期間} = \frac{\text{支払手形及び買掛金} \quad 208{,}111}{\text{売上高} \quad 2{,}325{,}689 \div 365} = 32.66 \text{（日）}$$

⑬総資本対営業CF比率

$$\text{総資本対営業CF比率} = \frac{\text{営業CF} \quad 15{,}344}{\text{総資本} \quad 1{,}771{,}767} \times 100 = 0.9 \text{（％）}$$

⑭設備投資対営業CF比率

$$\text{設備投資対営業CF比率} = \frac{\text{設備投資} \quad 32{,}249}{\text{営業CF} \quad 15{,}344} \times 100 = 210.2 \text{（％）}$$

⑮有利子負債対営業CF比率

$$\text{有利子負債対営業CF比率} = \frac{\text{有利子負債} \quad 668{,}721}{\text{営業CF} \quad 15{,}344} = 43.58 \text{（倍）}$$

有利子負債＝短期借入金79,447＋１年内返済予定の社債20,100＋１年内返済予定長期借入金93,905＋社債95,750＋長期借入金379,519＝668,721

⑯売上高人件費率

$$\text{売上高人件費率} = \frac{\text{人件費（給料及び諸手当）} \quad 95{,}413}{\text{売上高} \quad 2{,}325{,}689} \times 100 = 4.10 \text{（％）}$$

⑰売上高研究開発費率

$$\text{売上高研究開発費率} = \frac{\text{研究開発費} \quad 93{,}961}{\text{売上高} \quad 2{,}325{,}689} \times 100 = 4.04 \text{（％）}$$

⑱売上高金融費用比率

$$\text{売上高金融費用比率} = \frac{\text{金融費用（支払利息）} \quad 11{,}840}{\text{売上高} \quad 2{,}325{,}689} \times 100 = 0.51 \text{（％）}$$

南俊基（みなみ・としき）

早稲田大学政治経済学部経済学科卒業、慶應義塾大学大学院経営管理研究科修了。
監査法人トーマツを経て、ソニーグループの経営戦略コンサルティング会社にて事業戦略の立案等に従事する。その後、財務省理財局にて財政投融資監査業務に従事。上場バイオベンチャーのテラ株式会社の役員を経て、現在、南公認会計士事務所代表。メーカー、IT企業、バイオベンチャー企業等に対して、事業戦略、財務戦略、コスト管理に関するコンサルティングを行っている。あわせて企業向けに財務、管理会計の研修を数多くこなす。日経ビジネススクール講師。
公認会計士、税理士、日本証券アナリスト協会検定会員。
著書に『6W3Hで読み解く決算書入門』（日本経済新聞出版社、2012年）がある。

書いて身につく！
会社分析ドリル

2012年10月25日　1版1刷

著　者　南俊基　ⒸToshiki Minami, 2012
発行者　斎田久夫
発行所　日本経済新聞出版社
　　　　東京都千代田区大手町1-3-7　〒100-8066
　　　　電話（03）3270-0251（代）
　　　　http://www.nikkeibook.com/

印刷・製本　シナノ印刷
本文DTP　朝日メディアインターナショナル

ISBN978-4-532-31836-9
Printed in Japan

本書の無断複写複製（コピー）は、特定の場合を除き、
著作者・出版社の権利侵害になります。